Königs Erläuterungen und Materialien
Band 43/44

Erläuterungen zu

Johann Wolfgang Goethe

Faust Teil II

von Edgar Neis

C. Bange Verlag – Hollfeld

Herausgegeben von Klaus Bahners
Gerd Eversberg und Reiner Poppe

5. Auflage 1987

ISBN 3-8044-0259-3

Druck: Beyer Druck, Eiergasse 13, Hollfeld

Inhalt

ENTSTEHUNG DER TRAGÖDIE „FAUST II. TEIL"

Im Jahre 1808 war „Der Tragödie erster Teil" vollendet und erschien zur Ostermesse im Buchhandel. Aus dem „Prolog im Himmel" ersah der Leser, daß noch ein zweiter Teil folgen sollte. Aber die Ausführung verzögerte sich mehr und mehr, und der Dichter gab zunächst die Arbeit am „Faust" ganz auf.

Eine wichtige Spur findet sich erst wieder in der Tagebuchnotiz vom 16. Dezember 1816: „Meine Biographie; Schema des zweiten Teiles des Faust. – Fausts zweiter Teil; die Papiere durchgesehen." An diesem Tage hatte Goethe mit Benutzung seiner Faustpapiere ein Schema des zweiten Teils entworfen, um wenigstens, da er jede Hoffnung auf Vollendung desselben aufgegeben hatte, für „Dichtung und Wahrheit" eine summarische Inhaltsangabe zur Verfügung zu haben. Der Entschluß, nicht zur Vollendung des „Faust", sondern zur Ausführung der im September 1806 begonnenen „Helena", wurde im Jahre 1824 gefaßt. Im Jahre 1826, in dem Goethe lebhaftes Interesse an dem griechischen Freiheitskrieg nahm, wurde der 3. Akt geschaffen, der Kern des zweiten Teiles, und ebenso der überleitende Anfang des ersten Aktes. Die Helenaszenen gingen sogleich in Druck und wurden nebst einem Anhang in den 4. Band der gesammelten Werke aufgenommen, wo das Liebesspiel unter dem Titel „Klassisch-romantische Phantasmagorie, Zwischenspiel zu Faust" erschien.

Der Beifall, den „Helena" allgemein fand, bestimmte den Dichter zu dem Entschluß, nun auch die beiden letzten Akte zu vollenden. Das war das „Hauptgeschäft", das er am 18. Mai 1827 in seinem Garten an der Ilm „auf den rechten Fleck brachte". Nachdem er dann im Juni die schwere Arbeit am „Faust" zeitweilig mit der leichteren, heiteren an den „Chinesischen Tageszeiten" vertauscht hatte, beschloß er, sich zunächst dem ersten Akt zu widmen. Er begann damit am 21. Juli, und es ist wohl kaum zweifelhaft, daß in dieser Zeit die erste, in „anmutiger Gegend" spielende Szene mit den Elfengesängen und Fausts Terzinen entstand. Schon am 1. Oktober las Goethe die Szene Eckermann vor.

Ab Anfang 1828 bis zu seinem letzten Geburtstag hat der Dichter in der Stille weitergearbeitet. Er las von Zeit zu Zeit Eckermann das Geschaffene vor und seufzte oft unter den Schwierigkeiten der Arbeit, „daß er nur in den frühesten Stunden des Tages arbeiten könnte, wo er sich vom Schlaf erquickt und gestärkt fühlte und die Fragen des täglichen Lebens ihn noch nicht verwirrt hätten“. Aber er hielt zäh an seinem Plan fest, und dankbar bekannte er Eckermann: „Sie können es sich zurechnen, wenn ich den zweiten Teil des Faust zustande bringe.“

Und er brachte ihn zustande. Den noch fehlenden 4. Akt, so lesen wir in Eckermanns Gesprächen mit Goethe (Juni 1831), vollendete er in den nächsten Wochen, so daß im August 1831 der ganze zweite Teil fertig vorlag. Das Ziel, wonach er so lange gestrebt hatte, endlich erreicht zu haben, machte Goethe überaus glücklich. „Mein ferneres Leben“, sagte er, „kann ich nunmehr als ein reines Geschenk ansehen, und es ist jetzt im Grunde ganz einerlei, ob und was ich noch etwa tue.“

In dem ersten Band der nachgelassenen Werke erschien der zweite Teil des „Faust“ sechzig Jahre nach jenen Tagen in Wetzlar, als „Faust“ und „Werther“ gleichzeitig unseren Dichter beschäftigten. Für das große Publikum war das Werk ein Buch mit sieben Siegeln; es erschien ihm so dunkel und schwierig, daß die Meinung aufkam, die Absichten des Dichters seien vielleicht zu ergründen und zu ergrübeln, aber das Werk sei nicht mit Genuß zu lesen. Wohl fehlte es nicht an Stimmen der Anerkennung und Bewunderung, aber sie waren selten.

Dieser Publikumsferne des Werkes hat die Bühne ein Ende gemacht. Am hundertjährigen Geburtstag des Dichters, am 28. August 1849, wurde in Dresden die „Helena“ aufgeführt, von Karl Gutzkow als Dramaturg sinn- und wirkungsvoll in Szene gesetzt, und zur hundertjährigen Feier der Ankunft Goethes in Weimar wurde dort im November 1875 zum erstenmal die ganze Fausttragödie in der Inszenierung Otto Devrients auf die Bühne gebracht. Diese Aufführungen sind wiederholt worden und nicht ohne die Nachfolge anderer Bühnen geblieben, die entweder das weimarische Vorbild nachahmten oder auf eigene Art den zweiten Teil des „Faust“ in Szene setzten. Hamburg (1880), Berlin (1880 und 1900), München (1895) und Düsseldorf (1903) führten bald die beiden Teile, bald nur den zweiten oder gar nur Fragmente desselben auf, wobei sich auch Komponisten wie Schumann, Radziwill und Bungert betätigten. Seit der Aufführung der Tragödie in Berlin i. J. 1911, der ein geradezu aufsehenerregender Erfolg beschieden war, wird sie gleichsam als Festspiel von fast allen größeren Bühnen dem Publikum dargeboten.

GUSTAF GRÜNDGENS INSZENIERT „FAUST II"

Auf der offenen Bühne steht wieder das hölzerne Schaubudengerüst mit dem roh gezimmerten Rahmen und der gestreiften Gardine als Vorhang. Der Auftrag lautet, noch vom ersten Teil her, in dem engen Bretterhaus ein Stück zu geben, das den ganzen Kreis der Schöpfung ausschreite. Die Gardine fährt hoch, der Leidensprozeß geht weiter, und hier beginnt sofort die besondere Konzeption der Regie: Keine liebliche Gegend, wie das Buch sie verlangt, kein blumiger Rasen, auf dem Faust ruht, auf dem er seine Schuld an Gretchen abschläft, keine Äolsharfen, nein, ein lehmiger Acker, aus Lehm bist du gemacht, Ariels erhobener Arm mit etwas grünem Laub geschmückt, sofort also wieder der blanke Goethe, die pure Dichtung, die tiefe, die strenge Ernsthaftigkeit, der Zug ins Psychoanalytische.

Von den äußeren Ringen, vom vorwiegend festen Raum und der bestimmten Zeit des ersten Teils, geht es im zweiten Teil hinein in die inneren Ringe, es ist Natur von innen, geht es hinunter in das unendliche Reich der Träume und der Ideen, Wissenschaft, Schönheit, Macht, Muttertum, geht es hinüber in die nicht mehr bestimmbare Zeit, in die grenzenlosen Urbezirke der Dinge. Es wird abstrakt, geheimnisvoll, allegorisch, es wird unlösbar und überdimensional.

Helena, Paris, Euphorion, Philemon und Baucis, Mangel, Sorge, Not, Furcht, Hoffnung, Klugheit als sprechende, als sichtbare Gestalten, Schicksalsmächte und innere Stimmen, dazu über weite Strecken der Chor aus der griechischen Tragödie. Fausts erste Worte gelten der Sonne und dem Wasser. Der zweite Teil geht stark ins Mysterienhafte, er läßt sich an Gewicht und seherischer Weite nicht mehr mit dem ersten Teil vergleichen. Die Szenen verschachteln sich dreifach: Theater auf dem Theater, und auf dem Theater des Theaters nocheinmal Theater.

Der Eros zu Helena ist ein anderer Eros, als vordem der Eros zu Gretchen. Die Schauderschau der klassischen Walpurgisnacht ist ein anderer Vorgang, als vordem der Hexentrubel auf dem Blocksberg. Der Kampf Faust gegen Mephisto vervielfacht sich. Die Schönheit kämpft mit den Dämonen, die Wahrheit mit dem Irrtum, die weiße Magie der seligen Verzauberung gegen die schwarze Magie der Zerstörung. Hier, im zweiten Teil, findet die elementare Gärung statt, die Zellteilung, die Kernspaltung, wenn man so will. Es sind die Abenteuer mit den unbestimmbaren Stoffen. Alles ist Symbol, alles hat

Doppelsinn. Es ist Goethe, fast schon nicht mehr von dieser Welt, sich vollends leer schöpfend vor seinem Tode. Halb Theater, halb Testament. Es geht nicht mehr um den Einzelmenschen, es geht um die Menschheit insgesamt. Und aus den 25 Spielrollen des ersten Teils sind nun 100 Spielrollen geworden.

Das zu inszenieren, war seit je eine aufreibende, eine folternde Arbeit, und sie ist heute noch folternder.

Kommt dazu die künstlerische Eigenwilligkeit. Was Gustav Gründgens hier will, wir sagten es schon nach dem ersten Teil, ist nicht Frevel, nicht Koketterie, nicht Experiment, sondern Formerneuerung. Klar sein, wesentlich sein, heutig sein. Der durch eine scharfe Zeit gewachsene Gründgens, der durch eine scharfe Zeit wieder wichtig gewordene „Faust". Weg vom Ballast der Dekoration, weg vom Spießerischen der Illusion, hin zur Einfachheit, zum markant gezogenen Strich, zur geordneten Fläche, auch in der Traummontage, auch im Unterreich, hin zur gläsernen Durchsichtigkeit, zum Geistigen in Goethe. Man spürt auch im zweiten Teil die immense Sorgfalt nach drinnen und nach draußen.

Der Mummenschanz im kaiserlichen Saal ganz aus Rot und Gold, in schwülem, sündigem Licht. Das Treibhaus. Auf dem Podium in heller, in gelackter Buntheit, die einzelnen Figuren als Darbietungen. Die Landschaft der Pharsalischen Felder mit ihren Sphinxen, Kranichen, Sirenen, Greifen und Phorkyaden als Alptraumgegend in schillerndem Halbdunkel, nach Art von Salvadore Dali, absurd, verworren und doch wie mit Zirkel und Lineal gegliedert (Bühnenbilder Teo Otto). Der Palast des Menelas als leerer Raum, zwei Säulenreste, der Chor im grauen Dämmerlicht, Helena mit dem Punktscheinwerfer herausgehoben, die Schönheit aus dem Reich der Mütter, Sein und Schein in einem. Der Türmer auf einem nackten Eisengerüst. Euphorions vermessener Höhenflug als Dialog auf schmaler Stufenleiter, höher und höher, bis die jähe Finsternis ihn schluckt. Szene für Szene immer wieder vom Schaubudengerüst aus, zum Schaubudengerüst zurück. Wort, Geste, Ballett, ein ständig wechselnder Versrhythmus und immer wieder die gestochen scharfe Reißbrettordnung.

Die Erschaffung des künstlichen Menschen Homunkulus mit kabarettistischem Anhauch, die Goethische Ironie modernisiert: aus Homunkulus wird ein Satellit. Die Kriegsgesellen mit abgezogenen Häuten, scheußliche Muskelmänner aus rohem Fleisch. Das letzte Ringen um Fausts Leichnam zusammengezogen zu einem Solopart für Mephisto, auf der ausgeräumten Bühne, wobei er unter dem grellen Scheinwerferstrahl gegen ferne Engelchöre antanzt, spiralenhaft nach innen, und im Loch verschwindet, schließlich nur noch ein kreideweißer Kopf, ein Ball, in der finsteren Halle. Immer wieder das Schemenhafte der Schattenreiche, immer wieder die radikale Vereinfachung, immer wieder die blanken Eisengerüste als Hindeutung auf die Parallelen zur Gegenwart.

Nur das letzte Bild, das ist kein Sieg, das ist eine etwas kümmerliche Heimholung nach dem phantastischen Abgang des Mephisto. Da wären die Franzosen ins strahlende Weiß gegangen, der edelsten Farbe auch heute noch, da wären sie groß, breit und weit geworden. Bei Gründgens ist das eine karge, graue Büßerecke, dem feierlichen Glanz der inneren Stimmung nicht recht entsprechend.

Will Quadflieg wiederum als Faust, dieser großartige, metallene, schlanke Sprecher, diese seltene Klassikererscheinung, hier, folgerichtig, nicht mehr direkt unter dem Hagel der Erlebnisse, wie im ersten Teil, sondern halb abgerückt schon von Fleisch und Körper, dem Mysteriencharakter angepaßt, stark, fest und schön in der Stimme. Nach den Abstieg zu den Müttern kommt er mit goldenem Kranz zurück, nach dem Helenenakt ist er wieder um einen Ruck gereift, bis ans Ende seiner Tage bleibt er zwar der Frevler, der Schuldige, der Vermessene, aber sein Streben und sein Suchen verschaffen ihm die Erlösung und im letzten Bild dann, wenn er die Verse des Doktor Marianus mitspricht, da ist Friede, da ist der reine, wundersame Klang in ihm.

Gustaf Gründgens wiederum als Mephisto. Es gibt keinen besseren. So oft schon gespielt und weitergereift und sich eintrainiert und wieder gespielt und allmählich eins geworden, auf der Bühne, mit dieser Rolle seines Lebens. Er überläßt, gleich zu Anfang, die bunte Possenjacke aus dem ersten Teil dem betrunkenen Narren bei Hofe, (Ludwig Linkmann). Es geht im zweiten Teil um wesentlichere Dinge. Er ist der große Akteur des Abends, vier Stunden lang, der Entzauberer des Zaubers, der Zerstörer des Vereinten, Schlange, Dämon, in seiner Verkleidung als Phorkyas von fürchterlicher Bösartigkeit, in seiner Abgangsszene von tragischer Lüsternheit. Das Gute wächst sonst aus dem Boden heraus. Er wächst in den Boden hinein.

Antje Weisgerber mit feiner, silbriger Strahlkraft als Erscheinung der Helena, Maria Becker in vier Rollen (Mutter, Erichtho, Sorge, Mater gloriosa) vom robusten Kuppelweib bis zum sanften Lächeln einer

Heiligen. Ullrich Haupt, auch er ein hervorragender Sprecher, als Herold. Der saftige Hermann Schomberg als Trunkener, als stampfender Chiron und als Pater profondus. Sebastian Fischer als Kaiser. Joseph Offenbach und Elly Burgmer als Philemon und Baucis. Werner Meißner als Türmer und als Pater ecstaticus und die vielen andern.

Rot anzukreuzen in der Geschichte des deutschen Theaters.

SPRACHLICHE UND SACHLICHE ERLÄUTERUNGEN

Im Gegensatz zu Faust I ist Faust II in Akte eingeteilt. Goethe „dachte bei der Schöpfung des zweiten Teils fortwährend an die Bühne, während der erste ohne Rücksicht auf sie geschrieben ist; er gab die genauesten Anweisungen für die Inszenierung, und nur durch die Seltenheit und das häufige Mißlingen der Aufführungen hat die Meinung Wurzel fassen können, als habe die Darstellung des zweiten Teils des ‚Faust' nicht in der Absicht des Dichters gelegen und sei ein überflüssiges Experiment" (Witkowski).

Goethe zu Eckermann am 12. März 1826: „Wenn man bedenkt, welche Gräuel beim Schluß des ersten Aktes (Teils) auf Gretchen einstürmen und rückwärts Fausts ganze Seele erschüttern mußten, so konnt' ich mir nicht anders helfen, als den Helden, wie ich's getan, zu paralysieren und als vernichtet zu betrachten, und aus solchem scheinbaren Tode ein neues Leben anzuzünden. Ich mußte hierbei eine Zuflucht zu wohltätigen mächtigen Geistern nehmen, wie sie uns in der Gestalt und im Wesen der Elfen überliefert sind. Es ist alles Mitleid und das tiefste Erbarmen. Da wird kein Gericht gehalten und da ist keine Frage, ob er es verdient oder nicht verdient habe, wie es etwa von Menschen-Richtern geschehen könnte."

1. Akt

Anmutige Gegend

Dämmerung: Abenddämmerung, später Nacht, dann Morgendämmerung. Die „anmutige Gegend" ist eine Alpenmatte mit See und Wasserfall. – Zwischen der Kerkerszene und dem Beginn dieses Aktes ist längere Zeit verflossen, in der Faust in der Natur Heilung gesucht hat, die ihm jetzt zuteil wird.

Geisterkreis: Kreis der Lichtelfen, die hier die heilenden Naturkräfte versinnbildlichen. – **Ariel:** aus Shakespeares „Sturm" übernommener menschenfreundlicher und dienstfertiger Luftgeist, hier Anführer der Elfen. – **Äolsharfen:** zu Goethes Zeit gern in Gärten aufgestellte Musikinstrumente, deren auf einen Resonanzboden gespannte Saiten, vom Windhauche berührt, zart erklingen.

des Vorwurfs glühend bittere Pfeile: Bezugnahme auf die Gretchen-Tragödie.

die Pausen nächtiger Weile: die 4 „Nachtwachen" (vigiliae), in die die alten Römer die Nacht einteilten (von 6–9, 9–12, 12–3, 3–6 Uhr); diesen entsprechen die folgenden 4 Strophen des Chors.

Lethes Flut: aus dem Unterweltstrom Lethe (griech. „das Vergessen") tranken nach dem Glauben der alten Griechen die Seelen der Abgeschiedenen das Vergessen. Von Faust soll das niederdrückende Gefühl der Schuld an Gretchens Tod genommen werden.

Horen: die griechischen Göttinnen der Jahreszeiten, als Dienerinnen des Zeus die Hüterinnen des Himmelstores.

Des Lebens Pulse schlagen frisch lebendig: Faust erwacht neugestärkt und voll neuer Lebenskraft. Sein Monolog ist in Terzinen gedichtet. Die Terzine (von ital. terzo „Dritter") ist ein Versgebilde, das aus dreizeiligen Strophen von jambischem Rhythmus besteht.

Am farbigen Abglanz haben wir das Leben: – Der Regenbogen „spiegelt das menschliche Bestreben ab", 1. weil unser Leben ein wechselvoller, farbiger Abglanz des göttlichen Lebens und reinen Lichtes ist und 2. weil sich unser Streben auf das nur Menschlich-Erreichbare richtet (symbolisch: Farbenlicht, da das reinste Licht versagt ist).

Kaiserliche Pfalz. Saal des Thrones

Hellebarden: Stoß- und Hiebwaffen der Fußtruppen im 14.–16. Jahrhundert. Der über 2 m lange hölzerne Schaft war oben mit einer langen Stoßklinge versehen, an deren unterem Ende sich auf einer Seite ein dünnes, meist halbmondförmiges, scharfes Beil (Barte) befand. (mittelhd. helmbarte, Beil zum Zerhauen des Helms).

Schönbärte: Bartmasken, mittelhochdeutsch schemebart (scheme = Larve); sie wurden zu Fastnacht gern von vermummten Personen getragen.

Szen. Bem. Kanzler: die Reichsämter sind denen des deutschen Mittelalters nachgebildet. Hier war der Erzkanzler auch zugleich Erzbischof (von Mainz); dem Heermeister der Dichtung dürfte der spätere Erzbannerherr entsprechen. Erzschatzmeister war seit Ende des 17. Jahrhunderts der Kurfürst von Hannover. Vieles von den hier geschilderten Verhältnissen entspricht der Zeit Karls IV. (1346–78).

Die Ghibellinen wie die Guelfen: Ghibelline oder Gibelline – vielleicht nach der württembergischen Stadt Waiblingen, dem Stammorte der Hohenstaufen, so genannt – war seit dem 13. Jahrhundert der ital. Parteiname für die Anhänger der Kaiser, besonders der hohenstaufischen. – Ihre Gegner, die Guelfen (in Deutschland „Welfen"), waren die Anhänger der Päpste. Vgl. das Feldgeschrei: „Hie Welf, hie Waiblingen!" Goethe nennt beide Parteien mehrfach, um das Parteiwesen überhaupt zu tadeln.

Szen. Bem. Marschalk: die ursprüngliche Form (aus mittelhd. marschalc, „Pferde-Knecht"), Stallmeister, Haus- und Hofmarschall, der die gesamte Hofverwaltung unter sich hat, besonders die Aufsicht über Küche und Keller.

Welschhühner: südwestdeutscher Ausdruck für „Truthühner".

Die Deputate: (von lat. deputare „genau abschätzen") die Naturallieferungen der dazu rechtlich verpflichteten Besitzer gewisser Güter; sie sind noch sichere Renten (Einkünfte).

Antizipationen: (lat.) Vorausnahmen, Vorschüsse gegen Verpfändung künftiger Einnahmen. Der Jude gewährt die Möglichkeit, die Einkünfte des kommenden Jahres schon jetzt zu erhalten, indem er das Geld vorschießt und sich dann das Recht übertragen läßt, die Einkünfte am Fälligkeitstermin für sich einzutreiben.

Natur und Geist – so spricht man nicht zu Christen: Natur und Geist sind als Doppelurgrund des Alls aufgefaßt. „Eine solche Weltanschauung erschien den christlich Rechtgläubigen als Gottesleugnung; sie sahen in der Natur das Urböse und im Geist die vom wahren Glauben sich entfernende weltliche Vernunft." (Friedrich)

Atheisten: (griech.) Gottesleugner.

Uns nicht so: Komm uns nicht so mit den neumodischen Mächten Natur und Geist.

Die Heiligen sind es und die Ritter: Geistlichkeit und Adel gelten als Stützen des Thrones.

Dem Pöbelsinn verworrner Geister usw.: „Aus unklarem Denken und niedriger Gesinnung, verkörpert in Ketzern, die mit den Zauberern auf eine Stufe gestellt werden, entwickelt sich, nach Ansicht des Kanzlers, eine Gegenbewegung gegen das von Adel und Geistlichkeit gestützte Kaisertum." (Friedrich).

des alten Kaisers Recht: angeblich Karls des Großen (tatsächlich der Gesetzbücher „Sachsen- und Schwabenspiegel") Bestimmung, daß jeder Schatz, der tiefer vergraben ist, als der Pflug geht, nutzbares Hoheitsrecht des Königs bzw. Kaisers, ein sog. Regale (von lat. regalis „königlich"), ist. Vgl. den Spruch: „Aller Schatz unter der Erde, tiefer, als der Pflug geht, ist Regale".

In Kreis' um Kreise kennt er Stund' und Haus: die Astrologen teilten den Himmel in zwölf Abschnitte oder „Häuser" ein; zu jedem gehörte ein Gestirn des Tierkreises, und jede Stunde stand unter einem bestimmten Stern.

Alraunen: der Alraun (althd. alruna, von got. runa „Geheimnis"), das sog. Heckmännchen, der menschenähnliche Wurzelstock der Pflanze Mandragora, seit dem Altertum bis in die Gegenwart als Zaubermittel bekannt, dem man u. a. Verdoppelung des danebengelegten Geldes zuschreibt.

Wer Wunder hofft, der stärke seinen Glauben: eine von den Anwesenden nicht verstandene Ironie. Der tolle Mummenschanz mit seinem Gaukelspiel läßt sie glauben, daß dessen Veranstalter und Leiter, Mephisto und Faust, auch das Wunder vollbringen werden, reiche Schätze in die leeren Kassen zu zaubern.

das wilde Karneval: Der Karneval, von Goethe sächlich gebraucht, (wohl von lat. carrus navalis „Schiffswagen", schwerlich von ital. carne vale „Fleisch, lebe wohl!") die rheinische Bezeichnung für Fasching, geht letzten Endes zurück auf die am ganzen Niederrhein in der spätrömischen Zeit übliche Verehrung der Frühlingsgöttin Nehalennia, deren Wagen in Form eines auf Rädern ruhenden Schiffes bis zur Scheldemündung gezogen und begeistert begrüßt wurde. Die vermummten Fastnachtsumzüge wurden dann später besonders in Italien gepflegt; in Deutschland ist Köln mit dem Prinzen K. ihre Hauptstätte (zuerst 1341 erwähnt).

Szen. Bem. Exeunt: (lat.) sie gehen hinaus, treten ab (die übrigen außer Mephisto); eine der in englischen Dramen geläufigen lateinischen szenarischen Bemerkungen, wie weiter unten solus (allein) und spectatores (Zuschauer).

Wie sich Verdienst und Glück verketten: Mephisto spottet über die törichte Hofgesellschaft, die nicht einsieht, daß Glück an Verdienst gekettet ist und nur durch Taten erworben werden kann, während sie es ohne eigenes Zutun erlangen möchte.

Weitläufiger Saal, mit Nebengemächern

Szen. Bem. Mummenschanz: von Goethe männlich und weiblich gebraucht, bedeutet Maskenfest. „Sinnvolle Maskenfeste hat Goethe selbst oft für den Weimarer Hof gedichtet. Vorbilder gaben ihm der Triumphzug des Julius Cäsar von Mantegna sowie der des Kaisers Maximilian von Dürer. Außer diesen Gemälden benutzte G. auch ein Werk des Grazzini, ‚Tutti i Trionfi usw.' 1559. Darin werden u. a. die von G. auch verwendeten Gruppen gebracht: Florentiner Gärtnerinnen und Fruchthändlerinnen, Fischer und Vogelsteller, Holzhacker, Trunkenbolde, Pulcinelle, Mütter mit heiratslustigen Töchtern, Sagengestalten des Altertums. Es findet sich auch hier der Triumph der Glück und Freude spendenden Klugheit, ferner Pan und sein Gefolge, Avaritia sowie ein Aufzug des Plutus. Vgl. dazu von G. ‚Der tönende Carneval' 1789, ein Prachtwerk mit 20 farbigen Tafeln. – Was mit Teufeln und Narren zusammenhängt, ist für G. nordisch; der nunmehr folgende Karneval soll dagegen heiter sein – italienisches Gepräge erhalten." (Friedrich)

Szen. Bem. Mandolinen: kleine Gitarren (Lauten). – **Gärtnerinnen:** junge Florentinerinnen, die dem Zuge des aus Italien nach Deutschland heimkehrenden Kaisers gefolgt sind. Die von ihnen angebotenen künstlichen Blumen sprechen als Olivenzweig, Ährenkranz, Phantasiekranz und Phantasiestrauß selbst, und ihnen antworten Rosenknospen als natürliche Blumen. Sie bilden den ersten Kreis der Masken und sind die Sinnbilder der äußeren Lebensgüter.

Ceres' Gaben: Ceres, die römische Göttin der Fruchtbarkeit (griech. Demeter); vgl. Schiller „Das Eleusische Fest".

Theophrast: griechischer Philosoph und Naturforscher (372–287 v. Chr.), Schüler des Aristoteles, berühmter Botaniker und Verfasser einer „Geschichte der Gewächse". – Nicht einmal er würde die Pflanzen dieses Straußes benennen können.

In Florens Reich: in Floras, der göttlichen Schutzherrin der Blumen, Reich.

Szen. Bem. Theorben: (von franz. théorbe) Baßlauten.

Pfirschen: von Goethe nach Frankfurter Mundart gebrauchte Nebenform zu „Pfirsiche".

Sponsierer: (von lat. sponsus „Verlobter") Freier; hier Galan, Kurmacher.

Szen. Bem. Fischer und Vogelsteller: zur Versinnbildlichung des Weiberfangs. – **zu den angenehmsten Dialogen:** die auszuführen Goethe nicht mehr Gelegenheit gehabt hat. – Die danach auftretenden **Holzhauer, Pulcinelle** (Spaßmacher des italienischen Theaters, von Goethe in seinem „Römischen Karneval" geschildert und mit weißwollener Hose, Jacke, Mütze mit rotem Büschel und weißen Pantoffeln abgebildet) und **Parasiten** (griech., eigentlich „Mitesser"), die schmarotzenden Kostgänger reicher Gönner, beliebte Figuren der antiken Komödie, deuten auf die ungleiche Verteilung der äußeren Lebensgüter hin; die einen sind die zur Arbeit verurteilten, die anderen die genießenden Klassen. – Wenn die Pulcinelle als „täppisch, fast läppisch" bezeichnet werden, so erinnert das an ihre Namen Lapp (Lapps) und Tapp (Tapps) in den alten Fastnachtsspielen.

Szen. Bem. Der zweite Kreis der jetzt auftretenden Masken stellt in den Gestalten der griechischen Mythologie die sittlichen Mächte dar.

Enthusiasten: (griech.) Begeisterte, die alles Hohe und Edle besingen.

Satiriker: Spottschriftsteller. Während die anderen Dichter, von Ruhm- und Geldsucht getrieben, sich gegenseitig verdrängen und keiner den anderen zu Worte kommen läßt, wirft der Satiriker die Bemerkung hin, er möchte „singen und reden, was niemand hören wolle". Goethe wollte an die Ungeheuerlichkeiten erinnern, zu denen das Haschen nach Wirkung verleite. – **mit einem frisch erstandenen Vampiren:** V. bedeutet Blutsauger und ist die Bezeichnung eines blutsaugenden, umherwandelnden Leichnams eines im Kirchenbann Gestorbenen. Die Romantiker verwendeten nach englischem Beispiel gern das Gespensterhafte, so schrieb z. B. E. T. A. Hoffmann die Novelle „Vampyrismus". „G. ließ den Vampyrismus zwar literarisch gelten, lehnte ihn aber innerlich als widerwärtig ab und bekennt sich auch an dieser Stelle zur griechischen Mythologie, die auch im Grausigen nie das Gefällige verliert". (Friedrich)

Szen. Bem. Die Grazien: (lat. Gratiae, griech. Charites) untergeordnete Göttinnen der Anmut und geselligen Freude. Man nennt gewöhnlich drei: Euphrosyne (Frohsinn), Aglaia (Glanz) und Thalia (die Blühende). Da aber Thalia zugleich der Name der komischen Muse ist, setzt Goethe an deren Stelle „Hegemone" (Leiterin), wahrscheinlich nach der athenischen Auffassung, die nur zwei Grazien, Auxo (Wachstum) und Hegemone, kannte. Hederich unterscheidet in seinem von Goethe u. a. für die klassische Walpurgisnacht vielbenutzten Werke „Gründliches mythologisches Lexikon", 2. Aufl. 1770, das Wesen der Grazien als Geben, Empfangen und Danken. – Der Sinn der drei Graziensprüche ist, daß die aufeinander angewiesenen Menschen sich gegenseitig Gutes erweisen sollen. Der Wortlaut der drei Sprüche geht auf den jüngeren Seneca, den berühmten römischen Populärphilosophen des 1. Jh. n. Chr., zurück, der in seiner Schrift: „Die Wohltaten" I,3 schreibt: „Einige meinen, es gebe eine Grazie, die die Wohltat austeile, eine andere, die sie empfange, und eine dritte, die sie zurückerstatte". – **Parzen:** (lat. Parcae, griech. Moirai) die uralten Schicksalsgöttinnen Klotho, Lachesis und Atropos. Klotho bedeutet „Spinnerin", Lachesis „Zuteilende", Atropos „Unabwendbare". Während sonst Klotho den Lebensfaden spann, Lachesis ihn weiterführte und Atropos ihn zerschnitt, sind „in diesen letzten Tagen" die Rollen der Klotho und Atropos vertauscht, weil Atropos bei manchen unnützen Menschen den Lebensfaden allzulang werden ließ, ihn dagegen bei einigen Jünglingen zu zeitig abgeschnitten hat. Auch Klotho bekennt, daß sie, die Jüngere, sich manchmal geirrt habe; um dies nicht auch heute zu tun, hat sie ihre Schere ins Futteral gesteckt. **Stunden zählen . . . Strang:** nachdem die Stunden eine bestimmte Anzahl von Umdrehungen der Lebens-Winde abgezählt und die Jahre die Länge des aufgehaspelten Lebensfadens abgemessen haben, nimmt der Weber (die Gottheit oder auch der Tod) den Strang (Strähn), das bisher fertig Gewordene, ab und schließt diese Periode in der Entwicklung des Individuums, um das Ganze in „der Gottheit lebendiges Kleid" zu verweben, in den Gang der Weltgeschichte einzugliedern.

Szen. Bem. Der Herold muß die Furien einführen, da sie in ihrer modernen Verkleidung als hübsche Mädchen sonst gar nicht als solche erkannt würden. – Die Furien, die Erinnyen der Griechen, wohnten in der Unterwelt und bestraften von dort aus das Unrecht auf der Oberwelt. Sie wurden gewöhnlich als grauenhafte Gestalten dargestellt. Ihre Dreizahl findet sich zuerst bei dem griechischen Tragiker Euripides. Ihre Namen sind Alekto, die nie Rastende, Tisiphone, die Rächerin des Mordes, und Megära, die Feindliche. Bei Goethe erregt A. den Liebesstreit, M. bewirkt Liebeslaunen und Untreue, und Tisiphone übt Vergeltung um jeden Preis. So erscheinen sie als Vertreterinnen der wilden Leidenschaften, die das Glück des Familienlebens zerstören.

Asmodi: (griech. Asmodaios) der im Solde Megäras stehende ehestörende Teufel, der nach Tobias 3,8 sieben Männer in der Brautnacht tötete. Hier scheint er als Verführer zur Untreue aufgefaßt zu sein.

Denn was jetzt kommt, ist nicht von euresgleichen: es folgt die Darstellung des geordneten Staatslebens, in dem alle zur Förderung des Ganzen tätig verbunden sind, Personifikationen der staatserhaltenden Mächte im Gegensatz zu den das Privatleben zerstörenden Furien.
ein Berg usw.: ein Elefant, der einen Turm trägt, als Sinnbild des von einer „zierlich-zarten Frau" der K l u g h e i t, gelenkten Staatskolosses.

den Schlüssel: die Deutung der Sinnbilder.

Die andere, droben stehend herrlich-hehr: die später von der Klugheit beschriebene geflügelte Viktoria, die Siegesgöttin, die umsichtige „Göttin aller Tätigkeiten".

edle Frauen: die vor den Gefahren des Lebens bebende, tatenlähmende F u r c h t und die sich über alle Sorgen hinwegsetzende, untätige H o f f n u n g. Beide sind gefesselt; denn nur, wenn sie die Staatsklugheit in ihrer Gewalt hat, wirken sie Gutes. „Angeregt wurde G. durch ein Gemälde von Mantegna, ‚Triumphzug des Julius Cäsar', in dem u. a. vier Elefanten erscheinen sowie durch die Schilderung, die Athenäus von dem Prachtzug des Ptolemäus Philometor gibt. In diesem erscheint u. a. Alexanders Prunkwagen, von Elefanten gezogen, auf dem Nike, die Siegesgöttin, thront; auch Athene als Göttin der Klugheit wird erwähnt." (Friedrich)

Szen. Bem. Zoilo-Thersites: eine „Doppelzwerggestalt", zusammengesetzt aus den beiden Schmährednern Zoilos und Thersites, von denen Zoilos ein griechischer Rhetor des 4. Jh. v. Chr. war und durch seine hämische Kritik Homers in seinem Buche „Homergeißel" berüchtigt ist, während Thersites in Homers Ilias (II, 221 ff.) als Beschimpfer Agamemnons auftritt, wofür er von Odysseus mit dem Herrscherstabe derb gezüchtigt wird. – In dieser Verkleidung steckt Mephisto, der durch die Erscheinung und Metamorphose des Doppelzwerges die Anwesenden erschrecken und den ernsten Eindruck des Bildes der Klugheit und umsichtigen Tätigkeit verwischen will.

zum Verein: zu vereintem Tun; die Fledermaus huscht nach ihrer Weise den Leuten über die Köpfe weg und droht, sich in ihr Haar zu verwickeln, die Otter bedroht die Füße der Anwesenden. Beides geschieht, um die Festteilnehmer zu verwirren.

Szen. Bem. Knabe Wagenlenker: vgl. Goethe zu Eckermann 20. 12. 1829: „Daß in der Maske des Plutus der Faust steckt und in der Maske des Geizes der Mephistopheles, werden Sie gemerkt haben. Wer aber ist Knabe Lenker? Es ist Euphorion ... Der Euphorion ist kein menschliches, sondern nur ein allegorisches Wesen. Es ist in ihm die Poesie personifiziert, die an keine Zeit, an keinen Ort und an keine Person gebunden ist. Derselbige Geist, dem es später beliebt, Euphorion zu sein, erscheint jetzt als Knabe Lenker, und er ist darin den Gespenstern gleich, die überall gegenwärtig sein und zu jeder Stunde hervortreten können."

Mondgesicht: noch nicht wie heute in spaßhaftem Sinn.

Turban: Kopftracht der morgenländischen Fürsten.

Flor: (lat.) Blüte, Kraft.

Scharlatan: (franz., aus ital. ciarlatano, von ciarlare „schwatzen") Marktschreier, Quacksalber, Windbeutel.

Gekauzt: gekauert, wie eine Eule (Kauz) hockend.

Er fühlt wohl nicht usw.: vor lauter Magerkeit.

Szen. Bem. Der Abgemagerte: Mephisto als „Geiz".

Avaritia: (lat.) Geiz, Mephisto spottet: früher sei das Wort für „Geiz" weiblichen Geschlechts gewesen, weil damals die Frauen noch sparsam waren, jetzt aber sei die Verschwendungssucht der Frauen so groß, daß es männlich geworden sei.

erspulen: durch Spinnen verdienen; hier allgemeiner = erlangen.

noch ... Tumult: von der wilden Schar des Kaisers, der im folgenden als „großer Pan" einzieht.

sponsieren gehn: auf Liebesabenteuer ausgehen.

pantomimisch: (griech.) mit Hilfe von Gebärden.

In alles wandeln: hier zunächst wörtlich gemeint, doch zugleich auch in dem weiteren Sinne, daß für Gold jeder Sinnengenuß käuflich ist.
widerwärtig: abweisend. Mephisto hat, ähnlich den Pulcinellen beim Karnevalstreiben, aus dem erweichten Golde unanständige Figuren geknetet.

übelfertig: geschickt in üblen Dingen.

Ich fürchte ... die Sittlichkeit verletzt: der unfeine Spaß Mephistos weist auf die Sittenlosigkeit hin, wozu die Geldgier verleitet; denn „wo Gold vorregnet, regnen alle Laster nach", sagt der Volksmund.

Narrenteidung: Narretei. – Plutus fühlt sich nicht veranlaßt einzuschreiten, indem er das Schreckliche andeutet, das sogleich eintreten wird. Vergebens hat er „das Band der Gesetze" um die Kiste gezogen; das Gesetz hilft nichts bei dem allgemeinen Umsturz. Dies drückt der geheimnisvolle Hinweis auf die „mächtigere Not" aus, die die Lust an frivolen Spielen besser vertreibt als das gesetzliche Verbot.

Szen. Bem. Den Schluß des Mummenschanzes bildet die Darstellung des durch die Schuld des Fürsten und seiner Umgebung heraufbeschworenen Umsturzes, des geraden Gegenteils des durch Viktoria, die Göttin aller Tätigkeiten, geschaffenen Wohlstandes.

Das wilde Heer: auch die wilde Jagd genannt, das gespenstische Jagdgefolge des Jägers Wode, des zum Gespenst gewordenen Gottes Wodan, das im Sturm durch die Lüfte zieht. – Hier das ausgelassene Gefolge des Kaisers, das – im Gegensatz zu der gesegneten Tätigkeit der umsichtigen Viktoria – samt dem Kaiser den Staat durch sein wüstes Treiben ruiniert.

Pan: ursprünglich uralter, arkadischer Herden-, Hirten- und Jägergott mit Ziegenbeinen und Bockshörnern, dessen Name noch unerklärt ist. Später wurde dieser irrtümlich mit dem griechischen Wort pan „alles" zusammengebracht, und Pan wurde als „Großer Pan" zu einer Art Allgott.

was keiner weiß: daß der Kaiser, als Pan vermummt, in ihrer Mitte ist.

Szen. Bem. Faune: römische Wald- und Herdengötter, dem Pan gleichgesetzt. – Sie stellen die s i n n l i c h e G e n u ß s u c h t dar, die allen Lüsten ungescheut frönt.

die Patsche: die täppische Hand.

Szen. Bem. Satyr: übermütiges, menschliches Wesen im Gefolge des Weingottes Dionysos (Bacchus) mit tierischen Ohren, Schwanz, Hufen und Hörnern. Hier stellt er den übermütigen Sinn eines das Volk verachtenden, seine Macht mißbrauchenden Herrschers dar, der nur für sich Freiheit will.

Szen. Bem. Gnomen: Erd- und Berggeister, Schatzhüter und Schatzgräber. Sie sollen hier die ungemessene Gier nach Macht und Reichtum kennzeichnen, die jedes Recht ungestraft verletzen zu dürfen meint.

wimmelhaft: wimmelnd.

wuselt: bewegt sich wirr durcheinander.

Gütchen: auch Gütel genannt (von gut), kleine wohltätige Hausgeister.
Felschirurgen: weil sie wie Wundärzte aus den Adern der Berge das Metall fließen lassen.

die drei Gebot' veracht: nicht zu stehlen, nicht zu ehebrechen (vgl. vorher „kuppeln"), nicht zu töten.

Szen. Bem. Riesen: die Leibwache des Kaisers.

Die wilden Männer ... Harzgebirge: auch „Harzmänner" genannt, dargestellt wie auf Harztalern. Ferner heißt eine Harzstadt im Kreise Zellerfeld „Wildemann".

Szen. Bem. Nymphen im Chor: sie stellen die schmeichlerischen Hofschranzen dar, die den Herrscher durch ununterbrochenes Lobpreisen über sich selbst und über seine Pflichten und sein Verhältnis zum Volke so verblenden, daß er nur der Befriedigung seiner Selbstsucht lebt.

das glänzend reiche Gute: die Edelmetalle.

Fadenweis: in dünnen Adern.

Wünschelrute: in der Regel ein gegabelter Haselnußzweig, der, auf besondere Weise zwischen den Händen gehalten, durch Ausschlagen nach unten angeblich das Vorhandensein unterirdischer Schätze und Quellen anzeigt.

Troglodytisch: nach Art der Troglodyten (griech., „Höhlenbewohner"), also unterirdisch. Die Troglodyten lebten nach Herodot IV,185 in unterirdischen Höhlen.

Eine Quelle wunderbar: das fließende Gold in der Kiste des Plutus.

Der Kaiser: jetzt erst erkennt man ihn.

In harzig Reis usw.: Pan und seine Begleiter sind in Tierfelle gehüllt, die mit Fichtenreisern umwunden sind.

bezirken: genau einhalten.

der Wald: die Walddekoration des Saales. – Die ganze Szene entspricht den Schilderungen eines Brandes von 1394, bei dem der ähnlich gekleidete Karl VI. von Frankreich bei einem Maskenfest bald verbrannt wäre, sowie eines Saalbrandes im Palais Schwarzenberg zu Paris am 1. Juli 1810 anläßlich eines Ballfestes, bei dem dann einige riefen: „Gott! Der Kaiser ist nicht gerettet!“

Ein Aschenhaufen einer Nacht usw.: d. h. als ein Aschenhaufen, der in einer Nacht entstanden ist, liegt der prächtige Palast des Kaisers da.

schwangre Streifen: regenschwere Wolken.

die Magie: Faust wendet sie an, um den ebenfalls durch Magie erzeugten, nur scheinbaren Brand zu dämpfen und in ein Wetterleuchten zu verwandeln, („solcher eitlen Flamme Spiel“), und zwar zur Abwehr schädigender Geister, wie es hier Goldgier, Genußsucht, Sittenlosigkeit, Übermut, Schmeichelei und Egoismus sind.

Lustgarten, Morgensonne

Pluto: der Beherrscher der Unterwelt.

ein Fürst von tausend Salamandern: der Feuersalamander, dessen Lebenselement der Sage nach das Feuer ist, ist das Sinnbild der Feuergeister.

Nereïden: die schönen Töchter des Meergottes Nereus. Eine von ihnen, Thetis, war die Gattin des südthessalischen Königs Peleus und die Mutter des Achilles.

jenen Thron: den Sitz im Olymp, der nach römischem Glauben verstorbenen Kaisern zuteil wurde (Apotheose oder Vergötterung).

Scheherezade: (persisch tschihr-asad „von edlem Antlitz“) die mit dem Sultan vermählte Tochter eines Vezirs, die ihrem Herrn und Gemahl 1001 Nacht lang immer neue Märchen erzählt.

Abschläglich: das Söldnerheer hat sich gegen eine Abschlagszahlung auf den rückständigen Sold verpflichtet, weiterhin Kriegsdienste zu leisten.

diese, die das Werk getan: Faust und Mephisto, die durch Erfindung des Papiergeldes der Geldnot ein Ende gemacht haben.

das schicksalschwere Blatt: die im Wortlaut folgende staatliche Schuldverschreibung, die das Schicksal des Staates so gewaltig geändert hat und von einer nicht abzusehenden Tragweite ist.

Kronen: Kronentaler, zuerst von Österreich um 1755, dann seit 1809 in süddeutschen Staaten geprägt, etwa 4,50 DM wert.

Pfand: Deckung, Garantie für den Nennwert.

Namenszug: der auf dem Scheine gedruckt ist.

Tausendkünstler: Zeichner und Drucker.

Zehn usw.: Scheine über 10, 30, 50, 100 Taler sind „parat“, fertig hergestellt und vom Volke freudig als Zahlungsmittel angenommen worden.

In diesem Zeichen wird nun jeder selig: frivole Anspielung auf die Inschrift des Kreuzes, das dem römischen Kaiser Konstantin dem Großen vor der Entscheidungsschlacht in seinem Kriege mit Maxentius 312 v. Chr. am Himmel erschienen sein soll: in hoc signo vinces „in diesem Zeichen wirst du siegen.“

die Flüchtigen einzufassen: die schon in die Welt geflogenen Papierscheine einzuholen und zu fassen, anzuhalten und einzuziehen.

Rabatt: wer Papiergeld in Gold- und Silbermünzen einwechselte, mußte einen gewissen Aufschlag bezahlen.

Ins Kleine usw.: Mephisto hat Interesse daran, daß gerade die kleinen Bequemlichkeiten, die das Papiergeld bietet, es so verführerisch machen. Besonders freut es ihn, daß es der Wollust Vorschub leistet.

Das Übermaß der Schätze usw.: Faust, von Mephistos Trugschlüssen selbst verführt, empfiehlt die neue Teufelseinrichtung, weil er wähnt, daß durch sie ungenutzte Schätze volkswirtschaftlich nutzbar gemacht werden können. Aber er merkt nicht, daß die Grundlage des ganzen Unternehmens trügerisch ist, da die angebliche Deckung für die Scheine, das unterirdische Gold und Silber, erst noch gefunden werden soll.

Man weiß doch, was man hat: ironisch, jedoch ohne daß die anderen die Ironie merken, meint Mephisto: Der Wert steht ja deutlich auf dem Papier. Dafür muß es überall angenommen werden.

Kustoden: (lat. custos „Wächter“), Hüter, Bewahrer. – Im Folgenden wird nur Faust zum „unterirdischen“ Schatzmeister ernannt, den der bisherige oberirdische Schatzmeister gern als Kollegen annimmt. Mephisto bleibt als Verwalter des Papiergeldes da, um sich an den Folgen seines Planes zu ergötzen, während Faust sich mit dem alten Schatzmeister entfernt.

Szen. Bem. empfangend – annehmend – mit Bedacht: die Pagen empfinden das kaiserliche Assignatengeschenk als unverdiente Gnade und verwenden es zu Tändeleien, die Kammerherrn erblicken darin eine neue Gunstbezeigung und verwenden es zu sinnlichen Vergnügungen, die Bannerherrn (adlige Grundbesitzer, die im Kriege eine eigene Fahne führen durften, weil sie ein großes Aufgebot stellten) sehen es als Ausdruck der kaiserlichen Achtung an und verwenden es zur Schuldentilgung oder Vermögensmehrung.

Szen. Bem. solus: (lat.) allein.

Witz: Verstand. Der Narr ist der einzige Vernünftige, da er das unsichere Papiergeld in sicherem Grundbesitz anlegt.

Finstere Galerie

Teufels-Liebchen: junge Hexen, wie in der Walpurgisnacht des I. Teils.

Heroinen: die weiblichen Heldengestalten des klassischen Altertums.

Das Heidenvolk: die Gestalten der klassischen Sage. Die Hexen sind ja eigentlich Produkte des Christentums.

Ungern entdeck' ich höheres Geheimnis: nämlich das Geheimnis des Reiches der Mütter; er ahnt, daß der Gang zu den Müttern, auf dem er Faust nicht folgen darf, der Anfang vom Ende seiner Herrschaft über ihn ist.

Göttinnen thronen hehr in Einsamkeit: die Mütter d. h. die raum- und zeitlosen Ur-Ideen allen Seins, besonders des Guten, Wahren und Schönen.

von ihnen sprechen ist Verlegenheit: wenn man sie genauer beschreiben soll, kommt man in Verlegenheit. Man kann die absoluten Ideen nicht durch endliche Vorstellungen und Worte ausdrücken.

Die Mütter sind es: vgl. Goethe zu Eckermann 10. 1. 1830: „Ich kann ihnen weiter nichts verraten, als daß ich beim Plutarch gefunden, daß im griech. Altertum von Müttern als Gottheiten die Rede gewesen. Dies ist alles, was ich der Überlieferung verdanke, das Übrige ist meine eigene Erfindung." Die in Betracht kommenden Stellen des griechischen Schriftstellers Plutarch (1. Jh. n. Chr.) sind folgende: „Engyium ist eine zwar nicht große, aber uralte Stadt in Sizilien und wegen der Erscheinung der Göttinnen, welche ‚die Mütter' heißen, berühmt." (Leben des Marcellus 20) – „Es gibt 183 Welten, die nach der Figur eines Dreiecks gestellt sind; jede Seite enthält 60 Welten, die drei übrigen stehen in den Ecken. In solcher Ordnung berühren sie einander sanft und gehen immer wie im Kreis herum. Die Fläche innerhalb des Dreiecks ist als ein allen gemeinschaftlicher Herd anzusehen und heißt Feld der Wahrheit. In diesem liegen unbeweglich die Gründe, Gestalten und Urbilder aller Dinge, die je gewesen sind und noch sind. Diese umgibt die Ewigkeit, von welcher die Zeit wie ein Ausfluß in die Welt hinübergeht.“ (Über den Verfall der Orakel 13,22). – Verwandt ist auch Odins Abstieg zu den drei Nornen Gegenwart, Vergangenheit und Zukunft.

so wunderlich: man kann das „Schaudern“ Fausts bei dem Worte „Mütter“ psychologisch gar nicht anders erklären als durch die Erinnerung an Gretchen, die durch ihn Mutter wurde. Mephisto verwischt diesen Eindruck durch die mystische Schilderung der anzutretenden Reise zu den Göttinnen.

Du sprichst als erster aller Mystagogen: der Mystagog (griech.) ist der Lehrer des eleusischen Geheimkults.

Neophyten: der Neophyt (griech. „Neugepflanzter“) ist der in den Geheimdienst neu Eingeführte.

Nur umgekehrt: Sinn: während sonst die Mystagogen den Neophyten die Geheimnisse entschleiern, soll ich, der Neophyt, für dich, den Mystagogen, die Geheimnisse ergründen.

Katze ... Kastanien: nach der bekannten Fabel von Lafontaine (IX,17), in der der Affe die Katze überredet, für ihn die gebratenen Kastanien aus der Kohlenpfanne zu holen.

Wir wollen es ergründen: nur Faust ist gemeint.

In deinem Nichts usw.: das von Mephisto angekündigte Nichts ist für Faust das All im Sinne der höchsten Erkenntnis.

Schlüssel: das Sinnbild geheimer Weisheit.

im Erstarren: in kalter Gleichgültigkeit. Vgl. Goethe zu Eckermann 18. 2. 1829: „Das Höchste, wozu der Mensch gelangen kann, ist das Erstaunen, und wenn ihn das Urphänomen in Erstaunen setzt, so sei er zufrieden!“

steige: in dem raumlosen Reiche der Mütter ist beides im Grunde dasselbe.

In der Gebilde losgebundene Reiche: in die von der realen Welt losgelösten Reiche der Ideen von früher dagewesenen Dingen.

halte sie vom Leibe: das Eindringen ins Reich der Mütter darf sich nicht bei der historischen Betrachtung gewordener und vergangener Ideen aufhalten, sondern muß zum lebendigen Erfassen der ewig unwandelbaren Ur- und Grundideen allen Seins führen.

Ein glühender Dreifuß: Anklang an den Dreifuß, auf dem im Orakel zu Delphi die Priesterin Pythia saß und göttliche Offenbarungen kundgab.

Gestaltung ... Unterhaltung: die ewige Unterhaltung des ewigen Seins der Mütter ist Gestaltung und Umgestaltung. Trotzdem die Ur-Ideen selbst ewig und unwandelbar sind, ist doch Gestaltung und Umgestaltung ihre Wirkung, indem von ihnen die Ideen aller zeitlichen Dinge, die Bilder aller Kreaturen, ausgehen.

Schemen: Schatten, leere Truggebilde.

Szen. Bem. Attitüde: (franz.) Haltung, Gebärde.

Szen. Bem. Faust versinkt: ohne Zauberformel; denn in der Magie genügt der bloße Wille.

Hell erleuchtete Säle

das Schöne: Helena als Inbegriff der Schönheit.

Pantherkätzchen: braun und weiß gefleckte Kätzchen.

Froschlaich, Krötenzungen: ihr Saft soll mit Wasser oder Spiritus „kohobiert", d. h. mehrmals ausgezogen und dann im Vollmondlicht sorgfältig verdampft werden.

Zu Gleichem Gleiches: Verspottung der Homöopathie, deren Begründer, der Arzt Hahnemann, 1810 den Grundsatz aufgestellt hatte: Similia similibus curentur („Ähnliches soll durch Ähnliches geheilt werden").

Rittersaal

vor die Wand: von einer Bühne ist noch gar nichts zu sehen. Der Kaiser schaut von seinem Platz aus vielmehr lediglich auf die mit Bildern alter Schlachten geschmückten Wandteppiche.

Der großen Zeit: vielleicht der Hohenstaufenzeit oder auch der Zeit Alexanders des Großen oder Cäsars.

Atlas: ein Riese der griechischen Göttersage, der mit Haupt und Armen den Himmel trägt. Seine Gleichsetzung mit dem Gebirge Nordafrikas findet sich schon bei dem griechischen Geschichtsschreiber Herodot (5. Jh. v. Chr.).

Des Lebens Bilder: die Ideen, die teils in die Welt der Erscheinung getreten sind oder treten sollen, teils „im Gewölb der Nächte", in der Unterwelt, der Körperlosigkeit, verbleiben und nur durch tiefe Selbstversenkung erfaßt und anderen mitgeteilt werden können. Der Schlüssel Fausts berührt kaum die Weihrauchschale des Dreifußes, da entsteigen dieser duftige Wolkengebilde, die durch ihr Klingen, das sich auf die ganze Szenerie überträgt, das harmonische Wallen der Gedanken und Stimmungen versinnbildlichen, das zum Genuß des Schönen erforderlich ist.

Triglyphe: (griech.) Dreischlitz, Verzierung am Säulenfries dorischen Stils.

Paris: Sohn des Troerkönigs Priamus, kam als Gastfreund in das Haus des Spartanerkönigs Menelaus und entführte dessen Gattin Helena, was die Ursache zum Trojanischen Kriege wurde.

eine Pfirsche: ein Pfirsich.

Die . . . süß geschwollnen Lippen: die süßgeschwellten Lippen.

Dem Schäferknecht usw.: der Sage nach hütete Paris auf dem Berge Ida die Herden seines Vaters.

Ambrosia: die Götterspeise, die Unsterblichkeit und ewige Jugend gewährt; hier die jugendliche Lebenskraft.

Endymion und Luna: ein beliebter Gegenstand der Malerei. Die keusche Mondgöttin Luna, von Liebe zu dem schönen Jäger Endymion ergriffen, wagt, diesen nur, während er schläft, zu küssen. – Die Hofdame vergleicht Helena natürlich nur ironisch mit der keuschen Luna.

Szen. Bem. Duenna: (span., sprich „duennja") vornehme Dame, besonders Anstands-, Gesellschaftsdame, hier als besonders prüde hingestellt.

das Gespenst: es ist doch nur der Schatten Helenas, der heraufbeschworen ist; erst im III. Akt ist Helena in die Körperlichkeit zurückgekehrt. Absichtlich sagt Mephisto hier „Gespenst", um durch diesen verächtlichen Ausdruck Fausts Leidenschaft abzukühlen.

Vom zehnten Jahr an: in diesem Alter soll Helena bereits von Theseus geraubt worden sein.

Da les' ich denn usw.: in Homers Ilias III,156 ff.

Raub der Helena: so hieß ein nicht erhaltenes Stück des Sophokles.

Das Doppelreich: die gedachte und die wirkliche Welt.

und sie ist doppelt mein: er hat sie aus dem Reich der Mütter geholt und schützt sie jetzt vor der Entführung.

Wer sie erkannt: Helena als das Urbild der Schönheit.

2. Akt

Hochgewölbtes, enges gotisches Zimmer,

ehemals Faustens, unverändert

paralysiert: (griech.) lähmt, ohnmächtig macht.

Szen. Bem. Zikaden: Grillen. – **Farfarellen:** (ital.) Motten. –

Chor der Insekten: sie begrüßen den Teufel, den Herrn alles Ungeziefers, als ihren Patron und als Erzschalk.

Grillen: hier in übertragener Bedeutung.

Prinzipal: (lat.) erster Professor.

Nikodemus: Name eines jüdischen Schriftstellers und etwas langsam denkenden Jüngers Jesu; vgl. sein Gespräch mit Jesu (Joh. 3,1–21) und die Worte Jesu: „Du bist der Lehrer Israels und verstehst das nicht?" (10).

Oremus: (lat.) „wir wollen beten!" – Offenbar sieht der Famulus in Mephisto einen hohen Geistlichen.

Die Schlüssel übt er wie Sankt Peter: Anspielung auf die sog. Schlüsselgewalt des Petrus, die nach Matth. 16,19 ihm und seinen Nachfolgern verliehene höchste geistliche Gewalt in der Kirche (nach katholischer Lehre).

Szen. Bem. Bakkalaureus: (von lat. bacca „Beere" u. laurus „Lorbeer") der mit Lorbeer Geschmückte; das Bakkalaureat ist der erste akademische Grad. Der B. in Faust II ist der Schüler aus Faust I. Wie Goethe zu Eckermann am 6. 12. 1829 sagt, „ist die Anmaßlichkeit in ihm personifiziert, die besonders der Jugend eigen ist, wovon wir in den ersten Jahren nach unserm Befreiungskriege so auffallende Beweise hatten. Auch glaubt jeder in seiner Jugend, daß die Welt eigentlich erst mit ihm angefangen und daß alles eigentlich um seinetwillen da sei."

Chrysalide: Puppe des Schmetterlings.

Im Schwedenkopf usw.: in kurzgeschnittenem Haar. Diese Haartracht galt als hochmodern und als Auflehnung gegen die Perücke.

Erfahrungswesen! Schaum und Duft!: der moderne, spekulative Philosoph ist so „absolut“, daß er alle von außen kommende sinnliche Erfahrung für unbrauchbar und nur die Produktivität des eigenen Geistes, des eigenen Ichs, für ersprießlich und richtig hält. Kampf zwischen spekulativer und empirischer Philosophie.

Die Welt . . . erschuf: die Lehre des strengen erkenntnistheoretischen Idealismus, der allen Dingen nur soweit eine Existenz zugesteht, als sie im Bewußtsein vorhanden sind, ja, aus dem bloßen Selbstbewußtsein heraus die ganze Welt zu konstruieren unternimmt, wie dies Fichte in seiner ersten Periode tat. Vgl. auch Schopenhauer: „Die Welt ist meine Vorstellung.“ („Die Welt als Wille und Vorstellung“, 1829).

noch e Wein: frankfurterisch.

Laboratorium

Phiole: (griech.) Schale, Glasgefäß.

Karfunkel: (lat. carbunculus) Granat, Edelstein.

In einen Kolben verlutieren: in einen Glasballon luftdicht einschließen.
kohobieren: s. Erl. zu I,6 „Froschlaich, Krötenzungen“.

organisieren . . . kristallisieren: was die Natur durch physische Vorgänge sich bilden ließ, das lassen auch chemische Verbindungen entstehen.

Szen. Bem. Homunkulus: (lat.) Menschlein, der künstliche Mensch, wie ihn die Alchimisten des 16. Jh. zu erzeugen suchten. Der Schweizer Arzt und Chemiker Paracelsus (1493–1541) gibt in seinem Werke „De generatione rerum naturalium“ (die Erzeugung natürlicher Dinge) folgende Anweisung dazu. „Mannessame wird in verschlossenem Kolben putrefiziert (zur Fäulnis gebracht), bis man ihn sich lebendig regen sieht. Es entstehen homunculi, ungefähr einem Menschen gleich, doch durchsichtig, körperlos, mit wunderbaren geheimen Kenntnissen begabt, kräftig und tätig wie Elementargeister; denn dem künstlich Erzeugten ist die Kunst eingelebt und angeboren.“ – „Goethe macht ihn seit 1826 zum Vermittler zwischen Mephisto und den griechischen Heroen, gibt ihm den Drang nach Tätigkeit und Entstehen, sowie die stufenmäßige Entwicklung nach morphologischen Grundsätzen. Dadurch bildet er eine parodistische Parallele zu Fausts hohem Streben." (Friedrich)

Bedeutend: bedeutungsvoll. – Homunkulus erkennt Fausts Traum von der Erzeugung Helenas durch den sich mit ihrer Mutter Leda als Schwan vereinenden Zeus; indem er den Sehnsuchtsvollen beleuchtet, blickt er tief in dessen Inneres.

Szen. Bem. Die Phiole entschlüpft aus Wagners Händen usw.: da sich der Homunkulus mit Faust wesensverwandt fühlt, nicht mit dem „trockenen Schleicher" Wagner.

Aus höchstem Helden-, wohl aus Götterstamme: Leda war der Sage nach die Tochter des Thestius und Gattin des spartanischen Königs Tyndareus. – „Leda mit dem Schwan" wurde bereits im Altertum vielfach dargestellt, aus neuerer Zeit ist das nur in Kopien erhaltene Gemälde von Michelangelo am berühmtesten.

antikische Kollegen: geringschätzige Bezeichnung der Gespenster und Dämonen des Altertums.

Nordwestlich usw.: der Harz.

Südöstlich: nach Griechenland.

Peneios: der Hauptstrom Thessaliens.

Pharsalus, alt und neu: Alt-Pharsalus und Neu-Pharsalus, am Südrande der thessalischen Ebene.

jene Streite usw.: am 6. Juli 48 v. Chr. siegte bei Pharsalus Cäsar über Pompejus.

Asmodeus: böser Geist.

Brockenstückchen: Hexenabenteuer wie in der Walpurgisnacht des I. Teils. Mephisto glaubt noch immer, Faust durch Reize niedriger Sinnlichkeit wieder in seine Gewalt zu bekommen, beklagt sich aber, daß er nicht Macht habe, die heidnischen Gespenster dazu so benutzen zu können, wie die nordischen Hexen. Er schmäht deshalb das griechische Gespenstervolk, das sich größerer Achtung erfreue als die nordische Hexenzunft.

Heidenriegel: sie verschließen dem der nordisch-christlichen Welt angehörenden Mephisto die heidnische Welt der alten Griechen.

von thessalischen Hexen: Thessalien galt als Heimat zahlreicher Hexen und Zauberkünste.

den Ritter: Faust. Der Mantel ist Mephistos Zaubermantel.

Klassische Walpurgisnacht
Pharsalische Felder

Szen. Bem. Erichto: thessalische Hexe, prophezeite den Ausgang der Schlacht (48 v. Chr.) zwischen Cäsar und Pompejus. Sie spricht im Versmaß der griechischen Tragödie, dem jambischen Trimeter.

die leidigen Dichter: gemeint ist vor allem der römische Dichter Annäus Lukanus (39–65 n. Chr.), der in seinem Epos „De bello civili" (der Bürgerkrieg), nach seinem Kernstück, der Schlacht von Pharsalus, meist „Pharsalia" genannt, ein wenig schmeichelhaftes Bild von ihr entwirft.

Überbleicht: bleich überzogen von den sich alljährlich wiederholenden Erscheinungen aus der alten Zeit der Schlacht bei Pharsalus, „von grauer Zelten Woge". – Beachte die schwache Beugung des Wortes „Zelt", ebenso weiter unten „Der Zelten Trug verschwindet".

Nachgesicht: Nachbild, wie es dem geistigen Auge nach dem vom wirklichen Auge aufgenommenen Bilde erscheint.

der's mit Kraft erwarb: Cäsar.

Magnus: (lat.) der Große, Pompejus.

Dem schwanken Zünglein: dem schwankenden Zünglein der Waage des Schicksals.

Das wird sich messen: Cäsar und Pompejus. Vor den Augen Erichthos spielt sich alljährlich in der Nacht vor dem Tage der Schlacht diese wieder ab.

hellenischer Sage Legion: die zahlreichen Gestalten der griechischen Sage, die im folgenden auftreten.

Der Zelten Trug: beim Aufgange des Mondes verschwindet das Truggebilde der beiden Heerlager; die eben noch rot glühenden Wachtfeuer erscheinen im Mondlicht nur noch bläulich.

Meteor: Lufterscheinung, hier die durch die Nacht fliegende, leuchtende Phiole des Homunkulus.

körperlichen Ball: den in Mephistos Mantel gehüllten Faust.

Antäus: der Sohn der Erde, der mit Herkules kämpfte, empfing, sobald er beim Ringkampf die mütterliche Erde berührte, neue Kraft; so fühlt sich Faust auf griechischem Boden neu belebt.

Am obern Peneios

entfremdet: nicht mehr fremd.

Die Sphinxe: griechische Fabelwesen mit menschlich-weiblichem Oberkörper, Löwenunterleib und Löwentatzen.

unverschämt: schamlos.

die Greife: geflügelte Fabeltiere mit Löwenkörper und Adlerkopf.

lebendig: natürlich.

Jedem Worte klingt usw.: Verspottung der philologischen Sucht, Wörter mit gleichen Anfangskonsonanten und von ähnlichem Klange in etymologischen Zusammenhang zu bringen.

Szen. Bem. Ameisen (von der kolossalen Art): nach Herodot III,102 gab es in Indien „Ameisen, kleiner als Hunde, aber größer als Füchse . . . Diese Ameisen machen sich eine Wohnung unter der Erde und werfen dabei die Erde auf . . . Dieser aufgeworfene Sand ist goldhaltig."

Das Arimaspen Volk usw.: sagenhaftes, einäugiges Volk im fernsten Nordosten Europas, das den Ameisen Gold raubte und mit den Greifen, den Hütern unermeßlicher Goldschätze, um diese kämpfte.

bis . . . kennen: es wird dann nicht lange dauern, bis wir dich genauer erkennen.

Mit vielen Namen: z. B. Fliegengott, Verderber, Lügner, ein Teil von jener Kraft usw., der Geist, der stets verneint, und der Herr der Ratten und Mäuse.

Briten: Verspottung der englischen Reiselust.

old Iniquity: (engl., spr. ohld inikwiti) die alte (Ur-)Sünde, vgl. Luthers Ausdruck „der alt' böse Feind". In den englischen Bühnenstücken Shakespeares „Was ihr wollt" und „Richard III." heißt aber nicht Mephisto so, sondern das mit ihm zugleich auftretende Laster.

beschnittener Mond: Halbmond.

Rätsel: wie die thebanische Sphinx dem Ödipus.

Scharaden: (franz.) Silbenrätsel, die minderwertiger als die Begriffsrätsel sind. Zu letzteren gehörte das der thebanischen Sphinx: „Was ist am Morgen vierfüßig, am Mittag zweifüßig und am Abend dreifüßig?" Lösung: Der Mensch als Kind, Mann und Greis.

Sprich nur usw.: er ist also schon erkannt; denn die Lösung der folgenden Rätselworte ist „der Teufel".

Plastron: (franz.) Brustpolster des Fechtlehrers oder einer Holzpuppe, nach dem die Fechtschüler mit dem Stoßdegen (Rapier) stechen, wobei oft noch eine durch ein aufgeheftetes Blatt bezeichnete besondere Stelle zu treffen ist; an der Sünde kann der Fromme seine Entsagung üben (aszetisch). So ist der Teufel dem frommen Manne das „Stichblatt" seines polemischen Eifers und Bösen ein Kumpan, „Tolles zu vollführen".

Zeus: Gott der Herr sieht, wie es ähnlich der „Prolog im Himmel" darstellt, ruhig zu, wie der Satan „als Teufel schafft" und sich doch vergeblich abmüht.

die Bestie: der Löwenunterleib.

Szen. Bem. Sirenen: Gestalten der griechischen Mythologie. In Homers Odysee (12. Buch) werden S. erwähnt, die, auf einer Insel im fernen Westen hausend, die vorüberfahrenden Schiffer durch ihren bezaubernden Gesang (Sirenengesang) anlockten und dann töteten. Anfangs als Mädchen mit Vogelleib abgebildet, werden sie in der klassischen Zeit nur noch mit Vogelbeinen und Vogelkrallen und mit Flügeln und in der hellenischen Zeit rein menschengestaltig dargestellt. – **präludieren:** (lat.) ein Instrumentalvorspiel beginnen.

Des Pappelstromes: einer in ihrem Verlaufe einem Strome gleichenden Pappelallee.

Gewahrt euch nur!: hütet euch nur!

Ödipus: löste das Rätsel der Sphinx von Theben.

Ulyß: Kurzform von Ulysses, einer Nebenform zu Ulisses, dem lat. Namen des Odyseus. – Um den Lockungen der Sirenen zu widerstehen, ließ sich Odyseus an dem Mastbaum seines Schiffes festbinden, während er seinen Gefährten die Ohren mit Wachs verstopfte. (Homer, Odyssee XII, 173 ff.).

Die letztesten: die allerletzten noch auf der Erde lebenden Sphinxe wurden, wie Goethe hier frei erfindet, von Herkules, dem Ungeheuertöter, erschlagen, bevor Helena geboren war.

Chiron: der thessalische Zentaur, halb Roß, halb Mensch, Sohn des Kronos und der Meeresnymphe Philyra, Erzieher des Achilles, also dem Zeitalter Helenas angehörig. Er stellt eine zwar auch noch halbtierische, aber schon höhere Gestaltung dar als die Sphinxe.

Stymphaliden: die Vögel des Sees Stymphalis in Arkadien, die mit eisernen Flügeln, Krallen und Schnäbeln ausgerüstet waren und ihre

Federn wie Pfeile abschießen konnten. Ihre Vertilgung ebenso wie die der gleich danach genannten lernäischen Schlange gehörte zu den zwölf Arbeiten des Herkules.

der lernäischen Schlange: sie hauste in einem Sumpfe bei Lerna in Böotien und verwüstete die Umgegend. Sobald ihr Herkules einen ihrer neun Köpfe abgeschlagen hatte, wuchsen zwei neue nach, bis sein Gefährte Jolaus die Halsstümpfe mit Holzscheiten ausbrannte.

Zum Wendehals: weil Mephisto den Kopf immer wieder nach dem Chor der frechen, hexenmäßigen Lamien umwendet. Diese weiblichen Gespenster lockten nach der griechischen Sage Kinder und schöne Jünglinge an sich, um sie zu fressen oder ihr Blut auszusaugen.

In tausend Jahren thront: Anspielung auf den Stillstand der ägyptischen Kunst.

Am untern Peneios

(Nahe der Mündung des Peneios, da es in der folgenden Szenerie heißt „am obern Peneios").

Szen. Bem. Peneios: der Flußgott.

Rohrgeschwister: die wie Schwestern eng zusammenstehenden Rohrstengel.

Ich wache ja: Die Nymphen sind keine phantastischen Gebilde mehr wie die Sphinxe, sondern Personifikationen der schönen Natur und stellen so die über die asiatische hinausgehende griechische Kunst dar.

die hohe Königin: Leda.

Einer aber: der in einen Schwan verwandelte Zeus.

Der Philyra berühmter Sohn: Chiron.

Argonauten: (griech.) Argofahrer, die griechischen Helden, die mit Jason auf dem Schiffe Argo nach Kolchis fuhren, um das „Goldene Vlies" zu erbeuten. Auch die „Dioskuren" (Zeussöhne) Kastor und Pollux, die Brüder Helenas, gehörten zu ihnen.

Die Dioskuren: (griech.) „des Zeus Söhne", Kastor und Polydeukes (Pollux).

Boreaden: Zetes und Kalais, die geflügelten Söhne des griechischen Windgottes Boreas, befreiten den blinden thrazischen König Phineus von den Harpyien, geflügelten Mißgestalten, die seine Speisen verunreinigten.

Frauen angenehm: Medea wurde von solcher Liebe zu Jason ergriffen, daß sie ihm dazu verhalf, ihrem eigenen Vater das Goldene Vlies zu rauben; dann entfloh sie mit Jason.

Orpheus: thrazischer Sänger der Vorzeit.

allen übermächtig: alle übertreffend; er soll mit seinem Gesang und Leierspiel Bäume und Felsen bewegt und wilde Tiere gezähmt haben.

Lynceus: der helläugige Steuermann der Argonauten, der alle Tiefen, Höhen und Weiten durchschaute.

Herkules: das Ideal der Kraft und Schönheit; Sohn des Zeus und der thebanischen Königin Alkmene in seinen Jugendjahren infolge von Heras Hasse seinem älteren Verwandten Eurysteus untertänig, der ihm zwölf gefährliche Arbeiten auftrug, später von der Schönheit der lydischen Königin Omphale so bezaubert, daß er ihr zuliebe in Weiberkleidung Wolle spann, schließlich in den Olymp aufgenommen, wo er Hebe, die Göttin ewiger Jugendschönheit, zur Gemahlin erhielt.

Phöbus: (griech. „der Strahlende") Beiname Apollos.

Ares: der griech. Kriegsgott, der Mars der Römer.

Hermes: der Sohn des Zeus und der Maja, der Gott des Handels und Verkehrs, der Götterbote, der Merkur der Römer.

Dem ältern Bruder: richtiger dem Vetter Eurysteus.

Gäa: die Erde, bringt keinen zweiten, wie er war, hervor, auch wird kein ihm an schöner Männlichkeit ebenbürtiger Sterblicher je in den Himmel (Olymp) kommen.

Vergebens: bemühen sich Dichter und Sänger, vergebens die Bildhauer, seine Schönheit zu veranschaulichen.

pochen: so sehr auch die Bildhauer an dem Stein, der ihn darstellen soll, meißeln, ist er doch nie so herrlich dargestellt worden, wie er wirklich war.

Vom schönsten Mann hast du gesprochen: in seinen „Beiträgen zur Ästhetik der deutschen Klassiker" fühlt Heinrich von Stein hier die Verherrlichung Schillers heraus, wenn er sagt: „Es handelt sich um eine zarte gedankliche Verknüpfung; es stellen sich, wo die Schilderung eines Heldenkreises in Frage stand, wie von selbst die im eignen Leben erschauten Bilder bedeutender Menschen ein ... Goethe denkt an Schiller. Denn dies ist völlig die Weise, wie er auch sonst in dieser Zeit seines Lebens von Schiller zu reden pflegte. Wenn er ihn nannte, hob er stets das Unvergleichliche seiner Natur hervor, die Heilandsnatur, wie er einmal sagte, die ihm natürliche freie Erhabenheit."

starres Bild: nicht die kalte Ebenmäßigkeit der Formen, sondern die lebendige Anmut macht die Frau wahrhaft schön; der Gegensatz zwischen der Schönheit (Schöne) und der durch Bewegung entstehenden Anmut.

Wie Helena, da ich sie trug: von Goethe erdichteter Zug der Sage. Vgl. das Hinübertragen Deianiras über den Fluß Euenus durch den Zentauren Nessus.

Räuberfaust: Theseus hatte Helena geraubt, weshalb Kastor und Pollux gegen ihn zogen. Die übrige Schilderung ist von Goethe unter Benutzung anderer Sagen erfunden.

Eleusis: Stadt an der Küste Attikas, der Insel Salamis gegenüber.

Hat doch Achill auf Pherä sie gefunden: der Sage nach vermählte sich der Schatten Achills auf der Insel Leuke – nicht in der thessalischen Stadt Pherä – mit dem Schatten Helenas.

Selbst außer aller Zeit: sogar nachdem die Zeit (Lebenszeit) für sie vorüber war.

sehnsüchtigster Gewalt: mit Hilfe sehnsuchtsvoller Gewalt.

Manto: Wahrsagerin, Tochter des blinden Sehers Tiresias und Priesterin Apollos. Da sie als dessen Seherin den Menschen heilsame Ratschläge erteilt, macht Goethe sie hier zur Tochter des Asklepios (Äskulapius), des Gottes der Heilkunde.

Sibyllengilde: Wahrsagerinnengilde.

der edlen Quelle: der Belehrung durch Manto.

Hier trotzten Rom und Griechenland usw.: durch die Schlacht bei Pydna (168 v. Chr.), in der der römische Bürger und Konsul Lucius Ämilius Paullus über den mazedonischen König Perseus siegte, wurde Mazedonien römische Provinz, während es unter Alexander d. Gr. Weltreich gewesen war.

der ewige Tempel: der berühmte Tempel Apollos auf dem Olymp, das sog. Pythium, der Ursitz des gesamten griechischen Orakelwesens.

zu Persephoneien: Persephone (lat. Proserpina), die Göttin der Unterwelt, darf das Tageslicht nicht schauen.

hohlem Fuß: in einer Höhle unter dem Olymp.

Lauscht sie geheim verbotnem Gruß: lauscht sie heimlich, ob ihr ein Sterblicher einen Gruß von der Oberwelt bringt.

Hier hab' ich einst den Orpheus eingeschwärzt: Manto hat Orpheus, der als Lebender die Unterwelt eigentlich nicht betreten durfte, durch den am Olymp gelegenen Eingang in den Hades heimlich hineingebracht. Er erreichte freilich seinen Zweck, die geliebte Gattin Eurydice wieder zur Oberwelt zu bringen, nicht, weil er sich verbotenerweise nach ihr umsah. Faust soll die Gelegenheit besser nutzen: dann wird er Helena von den Schatten ans Erdenlicht zurückführen können. – Daß Manto den Orpheus in die Unterwelt geführt habe, ist von Goethe erfunden.

Am obern Peneios wie zuvor

Die Szene, die sich gedanklich hier anschließt und die schildert, wie sich Faust Helena von Proserpina erbittet, ist nicht ausgeführt. Vgl. dazu Goethe zu Eckermann 15. 1. 1827: „Fausts Rede an Proserpina, um sie zu bewegen, daß sie Helena herausgibt, was muß das nicht für eine Rede sein, da die Proserpina selbst zu Tränen davon gerührt wird! Dieses alles ist nicht leicht zu machen und hängt sehr viel vom Glück ab, ja fast ganz von der Stimmung und Kraft des Augenblicks."

Dem unseligen Volk zugut: den Anhängern des Vulkanismus oder Plutonismus, der Lehre von der Gestaltung der Erdoberfläche durch feurige Vorgänge im Erdinnern.

Ohne Wasser ist kein Heil: der sog. Neptunismus lehrte die Bildung der Erdoberfläche durch Einwirkung des Wassers.

zum Ägäischen Meere: statt hier im engen Flußbett des Peneios zu schwimmen, das außerdem auf vulkanischem Grunde ruht und, wie sich gleich zeigt, Eruptionen ausgesetzt ist.

kehrt wieder: fließt rückwärts infolge des Erdbebens, statt im Flußbett „darnieder" (hinab) zu fließen.

Szen. Bem. Seismos: (griech.) Erdbeben, von Goethe als Gott des Erdbebens, der vulkanischen Ausbrüche und Erdschichtenverschiebungen, dargestellt. – Das Folgende veranschaulicht die von Goethe bekämpfte Anschauung von der Entstehung der gegenwärtigen Welt durch gewaltsame Erdbewegungen.

Der die Insel Delos baute usw.: Goethe läßt hier durch den Erderschütterer Poseidon die Insel Delos aus dem Meere aufsteigen, damit Leto (Latona), die kurz vor ihrer Niederkunft stehende („einer Kreißenden zulieb") Geliebte des Zeus, von dessen Gattin Hera auf dem Festlande ruhelos von Ort zu Ort getrieben, gebären konnte. Die Kinder, die sie zur Welt brachte, waren Apollo und Diana.

Atlas: der Träger des Himmelsgewölbes.

Grieß: grobkörniger Sand.

Letten: Tonschichten.

Kolossale Karyatide: die Karyatiden waren langbekleidete, weibliche Gestalten, die in der griech. Kunst seit dem 6. Jh. v. Chr. als Gebälkträgerinnen verwendet wurden. Der Name bezeichnet ursprünglich die Mädchen von Karyä bei Sparta, die der Göttin Artemis zu Ehren einen Kulttanz mit einem korbförmigen Kopfputz aufführten. – Mit einer „kolossalen Karyatide" wird hier Seismos verglichen, weil er mit seinen Schultern die Erdoberfläche emporwölbt.

Das hab' ich ganz allein vermittelt: diese Umgestaltung, das jetzige Aussehen der Erdoberfläche. Goethe verspottet hier den Plutonismus, dessen Lehren er dem Seismos in den Mund legt.

Titanen: die Söhne des Uranos und der Gäa, bewarfen im Kampfe einander mit Bergen.

Mit Pelion und Ossa usw.: der P. ist ein Waldgebirge in Thessalien, südöstlich des Ossagebirges.

Parnaß: Gebirgszug in Mittelgriechenland mit zwei Gipfeln, von denen der eine Apollo und Artemis sowie den Musen und der andere Dionysos geweiht war.

den Sessel: den Olymp.

Bewohner: die Pflanzen, Tiere und Menschen, die den Berg besiedeln.
das hier Emporgebürgte: das bergartig Emporgetürmte.

Wie sich's aus dem Boden würgte: das langsam unter Schwierigkeiten hervortrat.

Ein Sphinx wird sich daran nicht kehren: wenn wirklich einige späte Erdgestaltungen vulkanischen Ursprungs sein sollten. – Beachte den männlichen Gebrauch von „Sphinx".

Gold usw.: die Greife als Schatzhüter entdeckten in dem neuentstandenen Berge sogleich Goldspuren.

Imsen: Nebenform zu „Ameisen".

die Riesigen: die Riesen, d. h. die im Seismos zusammengefaßten Riesenkräfte.

Bröselein: Krümchen, Körnchen.

Den Berg: Bergmannsausdruck für taubes Gestein.

Szen. Bem. Pygmäen: (griech.) Däumlinge, in der griechischen Mythologie oft mit den Reihern im Kampfe. Hier werden sie als durch den Berg ans Licht gekommen gedacht, sind daher Vertreter des Plutonismus und überfallen die Reiher, die Anhänger des Neptunismus.

Zeugt: gebiert.

Szen. Dem. Daktyle: (griech.) Fingerlinge, noch kleiner als die Pygmäen.

Szen. Bem. Die Kraniche des Ibykus: so benannt nach Schillers gleichnamigem Gedichte. Als Zugvögel fliegen sie hoch über dem Kampfplatz der Zwerge und Sumpfreiher dahin und sehen das unter ihren Verwandten angerichtete Blutbad. Wie sie die Rache für die Ermordung des Ibykus veranlassen, so rufen sie auch hier alle Kraniche zur Rache für den Reihermord auf.

Fettbauch-Krummbein-Schelme: als Fettbäuche werden die Pygmäen auf Vasen dargestellt.

Reihenwanderer des Meeres: weil sie über das Meer in langen Reihen fliegen.

Szen. Bem. Mephisto: kommt in der Absicht, die Lamien zu suchen. Damit knüpft die Handlung an das Ende der Szene „Am obern Peneios" an.

Frau Ilse usw.: Ilsenstein und Heinrichshöhe sind Felsgebilde des Brockens, die Schnarcher sind Felsen bei Schierke, und Elend ist ein Dorf südlich von Schierke.

Mannsen: Männer, Mannsleute; vgl. Weibsen.

verführte Hansen: verführte Tölpel.

Szen. Bem. Empuse: (griech. Empusa) mythisches Schreckgespenst von unheimlicher, wechselnder Gestalt, mit einem Esels- und einem Menschenfuß, das zum Gefolge der Zaubergöttin Hekate gehört. Der Eselskopf und die Eigenschaft, alles Schöne zu verscheuchen, sind Erdichtungen Goethes.

eräugnen: altertümlich für „ereignen".

Metamorphosen: (griech.) Umgestaltungen, Verwandlungen.

Lacerte: (lat. lacerta) Eidechse; in den „Venezianischen Epigrammen" Goethes Bezeichnung der durch die Straßen huschenden Dirne.

Thyrsusstange: mit Weinlaub umwundener und mit einem Pinienapfel (Fichtenzapfen) gekrönter Stab der Bacchantinnen.

Bovist: Staubpilz, dessen Hülle leicht platzt, wobei eine staubige Masse verstreut wird.

Szen. Bem. Oreas: (griech.) Bergnymphe auf Urgestein.

Pindus: bewaldeter Gebirgszug, die Grenze zwischen Thessalien und Epirus.

Pompejus: nach seiner Niederlage bei Pharsalus (48 v. Chr.) floh er vor Cäsar über den Pindus ans Meer.

das Gebild des Wahns: der von Seismos spukhaft geschaffene Berg.

Szen. Bem. Anaxagoras: griechischer Naturphilosoph des 5. Jh. v. Chr., Vertreter des Plutonismus.

Szen. Bem. Thales: griechischer Naturphilosoph des 6. Jh. v. Chr., Vertreter des Neptunismus.

Äolischer Dünste Knallkraft: explodierende, luftige Gase. – Äolus war der griechische Gott der Winde.

Myrmidonen: (griech.) Ameisenleute, kleines, emsiges Volk. Die Myrmidonen von Ägina waren der Sage nach von Zeus aus Ameisen in Menschen verwandelt worden, nachdem eine Pest die Insel entvölkert hatte.

Däumerlinge: die Daktyle.

als König: der Pygmäen, die Anaxagoras liebt, weil sie ja durch plutonische Einwirkungen entstanden sind.

Diana, Luna, Hekate: ein und dieselbe Gottheit, die auf Erden Diana, am Himmel (als Mond) Luna und in der Unterwelt Hekate heißt.
Du, Brust-Erweiternde: vgl. Goethes Lied „An den Mond“: „Füllest . . . meine Seele ganz.“

im Tiefsten-Sinnige: so nennt er Hekate als Zauberkundige.

Du, Ruhig-Scheinende: als Mondgöttin, ebenso „Gewaltsam-Innige“ wegen der physischen (bei Ebbe und Flut) und der magischen Wirkungen des Mondes.

rundumschriebner Thron . . . rötet sich . . . drohend-mächtige Runde: nach Anaxagoras sind die Gestirne glühende Metallmassen. Er glaubt in seiner Aufregung die Mondkugel der Erde bedenklich nahe kommen zu sehen.

thessalische Frauen . . . herabgesungen?: die thessalischen Zauberinnen standen in dem Rufe, den Mond vom Himmel herabbeschwören zu können, damit er ihnen beistehe.

spitz: ein Meteorstein ist vom Mond auf die Erde gefallen und hat Kraniche und Pygmäen, die auf dem neuen Berge stritten, erschlagen.

Doch muß ich solche Künste loben: ironisch meint Homunkulus (und mit ihm Goethe) mit einem Seitenhieb auf den Plutonismus, die Umgestaltung der Erdoberfläche („von oben") durch herabfallende Meteorsteine sei ebenso wirksam und überraschend wie diejenige durch vulkanische Wirkungen („von unten").

gedacht: Einbildung, Phantasie, nicht Wirklichkeit, daß vulkanische Kräfte den Berg hervorgebracht haben.

Daß du nicht König warst, ist gut: sonst wärest du auch von dem Meteorstein zerquetscht worden.

Szen. Bem. Dryas: (von griech. drys „Eiche") als Baumgeist persönlich gedachte Naturkraft.

Die Phorkyaden: die drei Töchter des Meergreises Phorkys, mit nur einem Auge und einem Zahn, mit denen sie sich gegenseitig aushelfen, ausgestattet und abschreckend häßlich.

die urverworfnen Sünden: die in der nordisch-christlichen Malerei möglichst häßlich dargestellten Todsünden.

Dreigetüm: dreifaches Ungetüm.

Fledermaus-Vampiren: Vampir ist der Name einer angeblich blutdürstigen Fledermaus Südamerikas.

Ops und Rhea: Ops war eine altrömische Göttin des Erntesegens, die später mit der griechischen Göttin Rhea, der Gattin des Kronos (Saturnus), identifiziert wurde.

Die Parzen selbst, des Chaos, eure Schwestern: um sie ebenso wie die Phorkyaden als uranfängliche Wesen zu bezeichnen. Doch sind diese „Schwestern" sehr verschieden, da die Parzen das schöne Maß, die Phorkyaden die regellose Häßlichkeit darstellen.

entzückt: Mephisto findet an der Häßlichkeit der Phorkyaden ebensolches Wohlgefallen wie Faust an der Schönheit der Nymphen.

Juno, Pallas, Venus: die drei Göttinnen Hera, Athene, Aphrodite.

unser Drei: wir drei. Die Ph. fühlen sich geschmeichelt und glauben, Mephisto meine im Ernste, daß sie würdige Modelle für Bildhauer seien. Doch sind diese häßlichen Gestalten nie in der griechischen Kunst dargestellt worden.

im Doppelschritt: mit Bezug auf den griechischen Bildhauer Dädalus, der als erster die Füße der Standbilder getrennt und diese gehend dargestellt haben soll.

Szen. Bem. Mephisto als Phorkyas: es ist gedacht, daß Mephisto hier Kothurn (den hohen Schuh der tragischen Schauspieler der Griechen) und Maske annimmt, die er dann am Schluß des 3. Aktes wieder ablegt.

Hermaphrodit: Zwitter, Mannweib, Hermaphroditos (griech.) war in der griech. Mythologie ein Sohn des Hermes und der Aphrodite. Die Künstler lockte die Schwierigkeit der Darstellung einer mannweiblichen Figur.

Im neuen Drei: in der neuen Dreiheit, die dadurch entstanden ist, daß die ursprünglichen drei Phorkyaden sich mit zwei Körpern begnügen und den dritten Körper Mephisto erhält. Da er „ein Auge zugedrückt" hat und nur einen Zahn sehen läßt, die Phorkyaden sich aber ihr gemeinsames Auge und den gemeinsamen Zahn zurückbehalten haben, besitzt „das neue Drei" zusammen also zwei Augen und zwei Zähne.

Felsbuchten des Ägäischen Meers

Mond, im Zenit verharrend

Szen. Bem. im Zenit verharrend: im höchsten Punkte senkrecht über uns stehend. – **Sirenen:** sie sind vor dem Erdbeben hierher geflohen und begleiten im folgenden als schmeichelnde Meergeister das Meeresfest mit ihren Gesängen. Hier reden sie den Mond an.

Szen. Bem. Tritonen: Meeresgötter mit fischartigem Unterleib, folgen dem Meergotte Poseidon (Neptun) auf seinen Zügen; sie tragen die Nymphen und blasen auf Muschelhörnern.

Eure Frucht . . . herangesungen: dadurch, daß die Sirenen die Schiffer an ihr Gestade locken, wo alle Schiffe scheiterten, haben sie den Tritonen die reichen Schätze der gesunkenen Fahrzeuge verschafft.

Kabiren: (griech. Kabeiroi) griech. Gottheiten mit geheimnisvollem Kult, oft nur die „Großen Götter" genannt. Hauptverehrungsstätte war die Insel Samothrake mit dem besonders in hellenistischer Zeit gefeierten Heiligtume der „Großen Götter" vor der Stadt Samothrake. Eine bestimmte Vorstellung von dem Wesen der K. ist bei der äußerst geringen Überlieferung nicht möglich. Weiter unten werden sie von den Nereïden und Tritonen als Schützer der Seefahrt herbeigebracht, damit die nächtliche Feier nicht durch Stürme gestört werde; „denn wo sie heilig walten, Neptun wird freundlich schalten."

Nereus: der weise Meergreis, dem die Zukunft „entdeckt" (offenbart) ist.

Trojas Gerichtstag: die Zerstörung Trojas.

dem Frechen: Paris.

Ilios: Troja.

Des Pindus Adlern: entweder wörtlich zu fassen, dann wäre es eine dichterische Erfindung Goethes, daß Adler des Pindus nach Troja geflogen seien, oder im übertragenen Sinne „des Pindus Helden", d. h. den griechischen Helden.

Ulysses auch: Odysseus warnte ich auch; von Goethe erfunden.

Circe: Tochter des Sonnengottes Helios und Zauberin, die Menschen in Tiere verwandelte, so die Hälfte der Gefährten des Odysseus in Schweine.

des Zyklopen: des einäugigen Riesen Polyphem, der sechs Gefährten des Odysseus verschlang und zur Strafe dafür von diesem geblendet wurde.

der Seinen leichten Sinn: den Leichtsinn seiner Gefährten, die die heiligen Rinder des Sonnengottes Helios schlachteten und aus Neugierde den Sack öffneten, ein Geschenk des Windgottes Äolus, in dem er alle widrigen Winde eingeschlossen hatte. Der dadurch entstandene Sturm trieb die Schiffe, als die ersehnte Heimat schon in der Ferne auftauchte, wieder aufs hohe Meer. (Odyssee XII, 339 ff.)

an gastlich Ufer: zur Insel der Phäaken, die Odysseus dann heimbrachten.

die Doriden: die Töchter, die ihm seine Gattin Doris geboren hat. Sie sind eine Erfindung des Dichters.

Neptunus' Pferde: die Delphine, die den Wagen Neptuns über die Wellen ziehen.

der Schaum usw.: der Wellen, so leicht er ist, scheint auszureichen, um diese leichten Gestalten zu tragen.

Venus' Muschelwagen: Venus (Aphrodite), die Göttin der Schönheit, soll dem Meeresschaum entstiegen und auf einer von Seetieren gezogenen Muschel nach Paphos auf der Insel Kypros (Zypern) gefahren sein, daher Kypris genannt.

Galatee: Galatea (Galatee), die schönste der Nereustöchter, ist die Schönheitsgöttin des Meeres, wie Aphrodite die des Festlandes. Daher wird sie in der Seestadt Paphos verehrt, wie früher Aphrodite, die sich nach Nereus' Darstellung nach Griechenland und auf den Olymp zurückgezogen hat.

Proteus: ein Meergreis, der sich in allerlei Gestalten verwandeln konnte und Prophetengabe besaß.

Verklärte Meeresfrauen: Nereiden, die vor Freude darüber verklärt sind, daß sie auf Chelones Schild drei Kabiren bringen.

Chelone: von Zeus oder Hermes in eine Riesenschildkröte verwandelte griechische Nymphe.

ein streng Gebilde: die Kabirenstatuetten sind in einem streng-altertümlichen Stil gearbeitet.

sind Götter: diese kleinen Kabirenbildchen bilden wieder eine höhere Stufe der Kunstentwicklung, in der man versucht, Götter menschenähnlich ohne tierische Attribute darzustellen.

Drei . . . der vierte usw.: Anspielung auf den Streit zwischen Schelling, der vier, und Creuzer, der nur drei Kabiren annahm. Im Folgenden wird dieser Streit noch weiter dadurch verspottet, daß noch mehr Kabiren für möglicherweise existierend gehalten werden, die wohl auf dem Allgöttersitz Olymp zu suchen, vielleicht aber „noch nicht fertig" (d. h. noch von keinem Mythologen für Kabiren erklärt) seien.

Hungerleider nach dem Unerreichlichen: nach Schellings Ansicht sind die Kabiren Wesen, die nach immer vollkommeneren Gestalten unter Auflösung der früheren unendlich fortstreben.

In Sonn' und Mond: nach Sonn' und Mond; hier die gegen Schelling gerichtete Ansicht Creuzers, daß die Kabiren Gestirngötter seien.

Als irden-schlechte Töpfe: einfache Töpfe aus gewöhnlichem Töpferton. Creuzer hat aufgefundene topfförmige Götzenbilder (Kruggötter) auch für Kabiren erklärt.

Der Rost usw.: je weniger deutlich erkennbar eine Sache ist, wie z. B. eine vom Rost entstellte Münze, desto wichtiger und interessanter erscheint sie dem Gelehrten.

hermaphroditisch: zwitterhaft, weil sich sein Wesen noch nicht entschieden hat; denn keimende Körperlichkeit ist noch unbestimmten Geschlechts. Proteus meint, desto leichter werde es für den Homunkulus sein, sich beliebig zu entwickeln.

Dreifach merkwürdiger Geisterschritt: das Zusammengehen von Homunkulus, Thales und Proteus.

Szen. Bem. Telchinen: (griech.) sagenhafte, aus dem Meer stammende Urbewohner von Rhodos, einer Insel gegenüber der Südwestküste Kleinasiens, die als erste Erzkünstler außer Neptuns Dreizack eine große Statue des Sonnengottes Helios, den Koloß von Rhodos, schufen. Fortschritt der Kunstentwicklung von der Ton- zur Erzbildnerei menschlicher Gestalten. – Der Koloß von Rhodos war eins der sieben Weltwunder.

Allieblichste Göttin . . . Bruder: Luna, die Mondgöttin, und Helios, der Sonnengott, als Geschwister gedacht.

Erdestoß: der Sonnenkoloß von Rhodos wurde 224 v. Chr. durch ein Erdbeben zerstört, worauf noch viele Jahrhunderte lang seine liegengebliebenen Metalltrümmer zu Münz- und anderen Zwecken weggeschleppt wurden.

nach ewigen Normen: nach den Gesetzen der aufsteigenden Entwicklung vom Protozoon (Urtier) bis zum Menschen.

Szen. Bem. Psyllen und Marsen: erstere ein libysches, Schlangenbeschwörung treibendes, letztere ein mittelitalisches Volk, das im Rufe stand, heilkräftige Kräuter zu kennen und Schlangen zu zähmen. Beide versetzt der Dichter nach Zypern.

Die lieblichste Tochter: Galatea.

Adler, geflügelte Leuen, Kreuz, Mond: Symbole der vier Völker, die sich in der Herrschaft über die Insel Zypern und das ganze Mittelmeer ablösten: Römer, Venezianer, Türken und Engländer.

der Mutter Bild: bringet, geleitet Galatea, das schönere Ebenbild ihrer schönen Mutter Doris.

liebe Gatten: die Doriden stellen dem Vater die von ihnen geretteten jungen Seeleute als ihre Gatten vor.

Symptome des herrlichen Sehnens: das Lodern und Aufflammen des Homunkulus sind die Anzeichen seines übermächtigen Sehnens nach Vereinigung mit der höchsten Naturschönheit im Meere.

ergießet sich: „in dem Augenblick, wo die Glasphiole, die den Homunkulus umschließt, an Galateas Muschelthron zerschellt, ergießt sich ihr Inhalt über die Meeresoberfläche, wobei Homunkulus selbst mit verfließt, wenn auch in feuriger Form. Gedeutet wird der Vorgang als die von der Urliebe (Eros) ausgehende Vermählung von Homunkulus und Galatea und somit des Feuers und Wassers als der Urelemente alles Seins".

hellet: strahlt hell.

Eros: der Gott der Liebe, als ordnende, zusammenfügende und zusammenhaltende Weltmacht von dem griech. Philosophen Parmenides (um 500 v. Chr.) als „der erste der Götter" bezeichnet.

Heil usw.: Abschließend und allen Streit ausgleichend preist der Schlußchor die Macht aller vier Elemente, die, harmonisch zusammenwirkend, die schöne Natur bilden.

dem seltenen Abenteuer: dem seltenen Ereignis, der Vereinigung von Wasser und Feuer.

3. Akt

Vor dem Palaste des Menelas zu Sparta

Szen. Bem. Vor dem Palaste des Menelas zu Sparta: wie im altgriechischen Drama spielt sich die Handlung vor dem Hause ab. –

Menelas: im 18. Jh. häufige französische Form für griech. Menelaos (lat. Menelaus). – **Chor:** antiker Brauch; ebenso antik sind das Versmaß (jambische Trimeter und Anapäste), die ein- bis zweizeilige Wechselrede sowie die geringe Zahl der Schauspieler.

Panthalies, die Allsprossende, hieß schon auf einem Bilde des Polygnot (griech. Maler um 450 v. Chr.) zu Delphi eine der Dienerinnen Helenas. Hier stellt sie im Gegensatz zu den anderen Dienerinnen die edle, aber schöpferische Kraft entbehrende Bewunderung des Schönen dar, während die übrigen nur rein sinnliche Schönheit und gewöhnlichen Lebensgenuß zu schätzen wissen.

Bewundert viel: wegen meiner Schönheit.

viel gescholten: wegen meiner Treulosigkeit.

Helena: Selbstvorstellung der auftretenden Person mit Namensnennung ist Brauch des altgriechischen Dramas.

Noch immer trunken usw.: wie betäubt von dem Schaukeln der Wellen bei der langen Seefahrt von Troja her, auf der Menelaos sogar bis Ägypten verschlagen wurde.

vom phrygischen Blachgefild: von der trojanischen Ebene.

Auf sträubig-hohem Rücken: auf dem Rücken der Wogen, die sich wie die Nackenmähne der Pferde aufsträubten.

Euros: Südostwind, von Ägypten her. Das Meer war günstig, und der Ostwind wehte kräftig, so daß die Schiffe glücklich in der Heimat ankamen.

Dort unten: am Meeresufer, von wo Menelaos Helena nach Sparta hinauf vorausgesandt hat.

Tyndareos: der Vater Helenas, hatte sich nach seiner Rückkehr von Athen dieses Haus gebaut, das dann der Palast seines Schwiegersohnes Menelaos wurde.

Von Pallas' Hügel: von Athen, wo die Akropolis der Pallas Athene geweiht war.

wiederkehrend: Tyndareos kam aus Ätolien als Ledas Gatte heim.

Klytämnestra: Schwester Helenas und Gattin Agamemnons; Kastor und Pollux sind ihre Brüder.

Denn seit ich diese Schwelle sorgenlos verließ usw.: Helena betont, sie sei gewaltsam geraubt worden, als sie den Tempel „Cytherens" (Aphrodites) haben besuchen wollen. – Der „phrygische Räuber" ist Paris.

Eurotas: der Fluß, an dem Sparta liegt.

Lakedämon: Sparta.

Schaffnerin: oberste Hausdienerin.

der Schätze reiche Sammlung: die Schatzkammer des Menelaos wird in der Odyssee XV. 98 ff. geschildert.

Widerwillen: Helena hat beim Betreten des Palastes den in die gräßliche Phorkyas verwandelten Mephisto gesehen.

die Stygischen: die Götter der Unterwelt, in der der Styx fließt.

der Thalamos: (griech.) das eheliche Schlafgemach.

der graugebornen . . . Graien eine: die Graien (griech. „Greisinnen") sind die von Geburt an greisenhaften Phorkyaden.

des Orkus: (lat.) der Unterwelt.

Mänadisch: wie die „Mänaden", Rasenden, d. h. die bis zur Sinnlosigkeit begeisterten Frauen im Gefolge des Weingottes Dionysos (Bacchus).

Zikadenschwarm: Heuschreckenschwarm.

Erobert', marktverkauft', vertauschte Ware, du: Kriegsgefangene, wie die Mädchen des Chors es sind, wurden versteigert, wobei gegebenenfalls die Ersteher Gekauftes unter sich austauschten.

Hast du das Haus usw.: Helena glaubt wirklich, das Scheusal sei die von Menelaos vor seiner Abfahrt bestellte Schaffnerin.

Szen. Bem. Choretiden: (griech.) weibliche Chormitglieder.

Erebus: (lat.) Sohn des Chaos, und seine Schwester Nacht, die hier als Eltern der Schaffnerin bezeichnet werden.

Scylla: ein Meeresungeheuer.

Tiresias: (griech.) blinder, thebanischer Seher.

Orion: der „wilde Jäger" der Griechen.

Harpyen: (griech.) geflügelte Mißgestalten, die alle Speisen besudelten.

Aphidnus: Freund des Theseus.

Patroklus: Freund des Achilles, des Peliden, d. h. des Sohnes des Peleus.

mir freigebornen Kreterin: Phorkyas gibt vor, sie sei von Menelaos aus Kreta als Gefangene mitgebracht und dann zur Schaffnerin in Sparta gemacht worden; Helena, die während jenes Streifzugs mit Paris floh, kann über die wahre Herkunft der Phorkyas ebensowenig etwas wissen wie ihre aus Troja stammenden Begleiterinnen.

ein doppelhaft Gebild: ein zweifaches Gebild. Nach einer von Euripides verwendeten Sage ist die wirkliche Helena auf Heras (Junos) Befehl von Hermes dem Entführer Paris entrissen und nach Ägypten gebracht worden; nach Troja kam mit Paris nur das von Hera geschaffene Trugbild.

Achill: er hat der Sage nach Helena auf der Mauer Trojas gesehen und ist in solcher Liebe zu ihr entbrannt, daß ihm seine Mutter Thetis wenigstens einen Traumgenuß verschaffen mußte. Vgl. auch „Am untern Peneios" die Erl. zu den Worten Fausts: „Hat doch Achill auf Pherä sie gefunden".

und werde selbst mir ein Idol: ein Schattenbild; sie fühlt infolge der peinigenden Erinnerungsbilder und ihrer durch Phorkyas erregten „Selbstverwirrung" ihre Sinne schwinden.

Ehrwürdigste der Parzen: die Parze Atropos.

Sibylle: Wahrsagerin, Prophetin.

Rhea: Tochter des Uranus (Himmel) und der Gäa (Erde), Gattin ihres Bruders Kronos und Mutter des Zeus, Poseidon, Hades (Pluto), der Hera, Hestia und Demeter; identisch mit der kleinasiatischen Göttermutter Cybele; deshalb flehen die Troerinnen gerade zu ihr.

Talgebirg ... Rücken: das hinter dem Taygetosgebirge liegende Talgebirge Arkadiens; Eurotas: Hauptstrom Lakedämons.

aus cimmerischer Nacht: die Cimmerier waren nach Homer (Odyssee XI, 14 ff.) die Anwohner des Ozeans, da, wo immer Dunkel herrscht und Helios nicht leuchtet, also im äußersten Osten und Westen.

vielleicht an zwanzig Jahre sind's: kühne Zusammenziehung des Zeitraums zwischen der Zerstörung Trojas und den Kreuzzügen. 1204 fand der vierte Kreuzzug statt, 1205 eroberte Wilhelm von Champlitte den größten Teil des Peloponnes, 1207 gründete Guillaume von Villehardouin das Fürstentum Achaia, einen Feudalstaat vorzugsweise von Normannen, aber auch von Franzosen und Deutschen. Nahe Sparta, auf einem Bergkegel, erstand später die Frankenburg Mistra. Der Frankenstaat wurde im 15. Jh. von den Türken vernichtet. Erst Anfang des 19. Jahrh. erfolgte dann der Freiheitskampf der Griechen. Alle diese geschichtlichen Erinnerungen sind von G. nur ganz allgemein verwendet worden.

Ajax: Sohn Telamons, des Königs von Salamis; auf seinem siebenhäutigen Schilde war ein Drache abgebildet.

Die Sieben von Theben: Helden im gleichnamigen Drama des Äschylus.

Verstümmelte: nach Vergil, Äneis VI, 494 ff., hatte Deïphobus nach des Paris Tode Helena geheiratet. Bei der Erstürmung Trojas rief diese Menelaos ins Haus, der dem schlafenden Deïphobus Nase, Ohren und Hände abschnitt. – Um so höhnischer klingt hier das „deinen" Deïphobus.

Szen. Bem. Trompeten in der Ferne: von Mephistos dienstbaren Geistern geblasen, um des Menelaos Ankunft vorzutäuschen.

Unsrer Schwanerzeugten: unsrer Helena.

Hermes: geleitet mit goldenem Stabe die Seelen der Toten in den Hades.

Überfüllten, ewig leeren Hades: trotz der Überfülle der Schatten ist der Hades „ewig leer", weil sie keinen Raum einnehmen.

Innerer Burghof

Pythonissa: Zauberin, Wahrsagerin. Gemeint ist Phorkyas, als deren Werk Helena die wunderbare Verwandlung betrachtet.

Szen. Bem. Turmwächter Lynceus: (griech., der Luchsäugige); der Turmwächter ist so genannt nach dem Argonauten Lynceus, dessen Sehschärfe sprichwörtlich war.

im Süden: von woher Helena kam.

Raubend usw.: der Halbgott Theseus raubte Helena, der Held Paris verführte sie, und der Held Menelaos focht um sie, der Gott Hermes entrückte sie nach Ägypten.

Einfach die Welt verwirrt' ich usw.: „in Person und als Scheinbild zugleich in Troja und in Ägypten, in Sparta und hier in der Burg". (Friedrich).

Das Tropfenei aus Meeresgrund: die Perle der Perlmuschel, die sowohl einem Tropfen als auch einem Ei ähnlich ist.

die Sprechart unsrer Völker: die gereimten Strophen der abendländischen Dichtung.

wer mitgenießt: indem Helena das zweite Reimwort ergänzt, deutet sie an, daß griechischer und nordischer Geist sich zu vereinen bestrebt sind.

Nordens ... Ostens: die Germanen, Franken und Normannen stammen aus dem Norden, die Goten kamen von Osten her (1. Jh. n. Chr. an der unteren Weichsel, 3. Jh. am Schwarzen Meer, von da aus schon damals Plünderungszüge bis Griechenland). – Faust berichtet, wie die Helden seines Heerbanns ganz Griechenland, auch Nestors Reich, unterjocht haben; nur Menelaos ist noch zu vertreiben. Er soll ans Meer zurückgedrängt werden. – Hierauf errichtet er auf griechischem Boden einen germanischen Lehnsstaat, wozu ihn Helena aufgefordert hat. Die organische Gliederung des Lehnsstaates ist von der Maß und Ordnung verlangenden Schönheitsidee beeinflußt. – Sinn im Rahmen der Faustdichtung: „Die Heimat des klassischen Griechentums wird durch deutsche Kraft erobert." (Friedrich) – Vgl. auch weiter oben die Erl. zu „vielleicht an zwanzig Jahre sind's."

Nichtinsel: Halbinsel, der Peloponnes.

Europens letztem Bergast: dem mazedonisch-thessalischen Gebirgszug

Das früh an ihr hinaufgeblickt: das, zu ihren Füßen liegend, in der Morgenfrühe zu ihr aufblickt, nämlich Arkadien.

aus der Schale: aus dem Ei, aus dem Helena hervorging.

dem Geschwister: den Geschwistern, den beiden Brüdern Kastor und Pollux.

Flor: (lat.) Blüte, Schönheit.

So war Apoll usw.: zugesellt und an Gestalt gleich. Weil er die Zyklopen getötet hatte, mußte er ein Jahr lang die Rinder des thessalischen Königs Admet hüten.

Ergreifen alle Welten sich: gehen Götter- und Menschenwelt ineinander über.

Arkadisch frei: dem kulturfernen Naturzustand Arkadiens entsprechend.

Schattiger Hain

Ihr Bärtigen auch: Phorkyas wendet sich, wie auch Mephisto in der Bakkalaureusszene (2. Akt), an die Zuschauer, hier an die älteren Männer, die das Wunder der Geburt Euphorions mehr bezweifeln als die jungen Mädchen.

ein Knabe: Euphorion. „Goethe erwog lange verschiedene Möglichkeiten für den Schluß der Helena-Tragödie. Die Entscheidung brachten Byron und die Stadt Missolunghi (griech. Messolongion), im griechischen Unabhängigkeitskampf das Hauptbollwerk der Griechen in Westhellas. Hier traf Byron im Januar 1824 ein, bildete auf eigene Kosten eine Brigade von 500 Mann für eine Unternehmung gegen Lepanto, starb aber bald nach kurzer Krankheit. Goethe zu Eckermann 5. 7. 1827: ‚Ich konnte als Repräsentanten der neuesten poetischen Zeit niemanden gebrauchen als ihn, der ohne Frage als das größte Talent des Jahrhunderts anzusehen ist. Und dann, Byron ist nicht antik und ist nicht romantisch, sondern er ist wie der gegenwärtige Tag selbst. Einen solchen mußte ich haben. Auch paßte er übrigens ganz wegen seines unbefriedigten Naturells und seiner kriegerischen Tendenz, woran er in Missolunghi zugrunde ging.‘ Der Einzelmensch Byron erhält aber hier typische Bedeutung. Euphorion-Byron geht aus dem Ehebund eines Vertreters der mittelalterlich-romantischen und einer Vertreterin der klassischen Welt hervor, dabei kommt es jedoch zu keinem Ausgleich der Kräfte, und so erscheint er als Übergangswesen, wie die romantische Poesie zu Goethes Zeit."

Kretas Erzeugte: Phorkyas.

Was . . . von dem Sohne der Maja: was Phorkyas hier von Euphorion berichtet, ist nur ein Abbild dessen, was die griechische Sage von den Streichen des neugeborenen Hermes, des Sohnes des Zeus und der Nymphe Maja erzählt.

Vorteilsuchenden allen auch: auch allen V.; Hermes war auch der Gott der Betrüger und Diebe, der List und Lüge.

den Trident: (lat. tridens) den Dreizack.

Hephästos: (lat. Vulcanus) Gott der Schmiedekunst, die Versinnbildlichung der Naturkraft des Feuers, besonders des vulkanischen. Seine Werkstatt dachte man sich in der Tiefe des Ätna.

Cyprien: der Aphrodite, die als Göttin von Cypern „Cypria" hieß. Über den Gürtel vgl. Ilias XIV, 214 ff.

Welche dies Land gebar usw.: um von einer Gefahr in die andere zu geraten. – Euphorions Worte sind eine Anrede des Dichters an die i. J. 1822 um ihre Freiheit kämpfenden Griechen.

Amazonen: kriegerisches Frauenvolk der griech. Sage.

von Schwindelstufen: Euphorion, bereits zu schwindelnder Höhe aufgestiegen, strebt in den leeren Raum, der ihm Schmerzen und Tod bringen muß.

Ikarus: der Neffe des Dädalus, der mit diesem auf künstlichen Flügeln in die Lüfte flog, aber der Sonne zu nahe kam, worauf das Wachs seiner Flügel schmolz und er ins Meer stürzte. Dem kühnen Fluge des Ikarus gleicht Euphorions himmelstürmendes Streben.

Szen. Bem. Aureole: vgl. Goethe 1827: „Aureole ist ein im Französischen gebräuchliches Wort, welches den Heiligenschein um die Häupter göttlicher oder vergötterter Personen andeutet . . . Hierdurch wird auf alle Fälle eine höhere geistige Kraft, aus dem Haupte gleichsam emanierend und sichtbar werdend, angedeutet; wie denn auch geniale und hoffnungsvolle Kinder durch solche Flammen merkwürdig geworden. Und so heißt es auch in Helena: ‚Denn wie leuchtet's ihm zu Haupten? Was erglänzt, ist schwer zu sagen. Ist es Goldschmuck, ist es Flamme übermächt'ger Geisteskraft?' Und so kehrt diese Geistesflamme, bei seinem Scheiden, wieder in die höheren Regionen zurück."

im düstern Reich: Euphorions Scheinkörper, jetzt sein „Schatten", ist in der Unterwelt verschwunden.

Szen. Bem. Trauergesang: auf Euphorion, in Wirklichkeit auf Byron. **Lied und Mut:** Dichtkunst und Streben war bei Euphorion-Byron bedeutend.

Mitsinn: verständnisvolles Mitgefühl. Das Ganze geht mehr auf Byron als auf das, was Euphorion symbolisch darstellen soll, die höchste, moderne Poesie.

So entzweitest du usw.: 1809 volljährig, schloß sich Byron im Oberhaus der Opposition an. Reich, schön, im Vollgenuß jugendlicher Kraft, stürzte er sich in wilde Zerstreuungen und Ausschweifungen.

am unglückseligsten Tage: an Byrons Todestage.

Szen. Bem. Exuvien: (lat. exuviae) ausgezogene Kleider.

Die Flamme freilich ist verschwunden: die Nachahmer Byrons werden verspottet; die Flamme des Genies fehlt ihnen.

Vettel: (lat. vetula „altes Weib") die Hexe Phorkyas-Mephisto.

So des Geklimpers usw.: ebenso des Geklimpers usw. Der Griechin Panthalis behagt die moderne Poesie ebensowenig wie dem in Phorkyas verkörperten nordischen Teufel.

der Unerforschlichen: der Persephone.

Asphodelos-Wiesen: im Mittelmeergebiet häufig vorhanden. Der A. ist eine lilienartige Wiesenblume; solche Wiesen nahmen die alten Griechen auch in der Unterwelt als Aufenthaltsorte der Verstorbenen an. **Fledermausgleich zu piepsen:** vgl. Odyss. XXIV, 5 ff.: „und schwirrend folgten die Seelen, so wie Fledermäuse im Winkel der graulichen Höhle schwirrend flattern".

Gehört dem Elemente an: behält keine Individualität im Jenseits, sondern geht diesseitig im Naturleben auf. Dagegen erhält nicht nur hervorragendes Verdienst (Wissen und Können), sondern auch edles Gefühl (Treue) die Individualität über das Erdendasein hinaus.

Zwar Personen nicht mehr: der Chor geht auf in den Elementen der Natur. Der 1. Teil entschwindet als Elementargeister in die Bäume (Dryaden), der 2. in widerhallende Felsen (Oreaden), der 3. in Quellwasser (Najaden) und der 4. in den Wein.

mäandrisch: in vielen Windungen. Der Mäander, bei Milet in Kleinasien ins Meer mündend, war durch seine zahlreichen Windungen bekannt; daher auch die Bezeichnung „Mäandermuster".

fördersamst: vor allem zu Helios, dem das Wachstum der Rebe fördernden Sonnengott; denn Bacchus, der Weingott, kümmert sich nur um den fertig gekelterten Rebensaft.

mit Ziegenfüßlern usw.: mit männlichen und weiblichen Satyrn.

Silenus: der betrunkene Greis im Gefolge des Bacchus, auf einem Esel mit langen Ohren („öhrig Tier") reitend.

Gespaltne Klauen: der bocksfüßigen Satyrn.

übertäubt: mehr als taub von dem Lärme.

Zeigte uns der Schluß der Klassischen Walpurgisnacht Galatea, zur Vorbereitung auf Helena, als die höchste Vollendung der griechischen Kunst, so wird hier am Schluß des Helenadramas deren Untergang durch den Einfluß des aus dem Orient eingewanderten Dionysosdienstes und damit die Auflösung des antiken Schönheitsideals dargestellt.

4. Akt

Hochgebirg

Aurorens Liebe: Aurora, die Göttin der Morgenröte, die Eos der Griechen. – „Aurorens Liebe" ist das Liebesglück der ersten Jugend (Hindeutung auf Gretchen).

Szen. Bem. Siebenmeilenstiefel: deren sich Mephisto bedient hat, um auf deutsche Märchenweise aus Griechenland Faust nachzueilen; er legt sie jetzt ab. Dieser Zug betont den Gegensatz zu der bisher erlebten altgriechischen Welt.

endlich: wie seit langem nicht, dem Ende nahe.

der Grund der Hölle: diese Basaltkuppen vulkanischen Ursprungs waren ursprünglich im tiefsten feurigen Erdinnern. Die hier wieder auftauchende plutonistische Lehre bezeichnet Faust als „närrische Legenden" (Märchen).

in sich selbst gegründet: Goethe, „Verschiedene Bekenntnisse": „Nach meinem Anschauen baut sich die Erde aus sich selbst heraus."

Moloch: Goethe denkt offenbar an die Klopstocksche Beschreibung dieses kriegerischen Geistes unter den Teufeln, der (Messias II, 352 ff.) unter gewaltigem Getöse die Hölle gegen Jehova mit Bergen verschanzt.

von fremden Zentnermassen: von den sogenannten „erratischen Granitblöcken", die mit dem einheimischen Gestein keine Ähnlichkeit haben. Goethes Zeitgenossen, besonders der Geologe Buch, nahmen an, daß diese von Vulkanen weithin ausgespien seien, während man heute weiß, daß sie aus nordischen Gebirgen losgelöste und in der Eiszeit bis zu uns geführte Gletschergesteine sind.

Bürger-Nahrungs-Graus: grauses Durcheinander von Lebensmittelbuden: Erinnerung an das enge Stadtinnere Alt-Frankfurts.

Fleischbänke: Verkaufsstände der Fleischer.

Schmeißen: Schmeißfliegen.

Rollekutschen: (franz. chaises roulantes – spr. Schähs rulangt – „rollende Sänften") auf Rädern rollende Kutschen, von Pferden gezogen, im Gegensatz zu den getragenen Sänften.

Sardanapal: sagenhafter assyrischer König, als großer Wollüstling berüchtigt.

Heroinen: Frauen der griechischen Heldensage.

Die Tat ist alles: d. h. die Tat um ihrer selbst willen. Vgl. Goethe, „Pandora": „Des echten Mannes Feier ist die Tat", ferner „Und dein Leben sei die Tat" (Wanderlied in „Wilhelm Meister").

das Spiel: von Ebbe und Flut. Dieses zwecklos übermütige Angreifen und Beschädigen des Ufers, das dem zwecklosen Treiben der Aufrührer gleicht, ruft in Faust Mißbehagen hervor. – „Aus dem gleichen Grunde galt Goethes Aufmerksamkeit dem seit Anfang des 19. Jahrhunderts vielerörterten Gedanken, die wilden Dünen der Kultur dienstbar zu machen." (Friedrich)

Szen. Bem. ad Spectatores: (lat.) zu den Zuschauern.

Das ist mein Wunsch: die Beherrschung der Naturkraft, noch nicht Landgewinnung zu Kolonisationszwecken.

Peter Squenz: so heißt in dem gleichnamigen Lustspiel des Andreas Gryphius (1616–1664) der Schulmeister, der schauspielernde Handwerker auf die Bühne bringt.

Praß: Bettel, schlechter Haufe.

Quintessenz: (lat.) das Beste.

Szen. Bem. Die drei Gewaltigen: vgl. 2. Sam. 23,8 ff.: „Dies sind die Namen der Helden Davids usw." Goethe verwendet nicht die hier genannten Namen, sondern hat „Raufebold" und „Habebald" nach Jes. 8,1 gebildet. Die drei stellen die rohen Elemente des wilden Krieges, stürmischen Angriff, Beutelust und niederschmetternde, gewaltige Kraft, dar.

Auf dem Vorgebirg

den Phalanx: jetzt d i e Phalanx (griech.), Aufstellung in geschlossener Linie, mehrere Glieder hintereinander.

das mächtige Quadrat: das im Viereck aufgestellte Fußvolk.

Der Nekromant . . . Sabiner: Norcia, zwischen dem Sabinerlande und Spoleto gelegen, galt als Heimat von Zauberern, besonders Totenbannern (Nekromanten). Einen solchen, der zu Rom verbrannt werden sollte, hatte der Kaiser vom Scheiterhaufen befreit, und Faust führt sich hier als des dankbaren Geretteten Abgesandter ein, der dem Kaiser jetzt beistehen solle.

ein seltsames Gesicht: die sogenannte Fata Morgana, eine in Unteritalien häufige Luftspiegelung.

blitzen: das sog. St.-Elms-Feuer, das als Zeichen der Dioskuren, der Schutzgottheiten der Seefahrer, gedeutet wurde, genannt nach St. Elmo, dem Schutzheiligen der romanischen Seeleute; eine Büschel- oder Glimmerlichtentladung der Erdelektrizität bei gewittriger Wetterlage, die von hervorragenden Kanten und Spitzen von Baulichkeiten ausströmt. Auf dem Lande zeigt es sich am häufigsten auf Berggipfeln, auf der See an den Mastspitzen der Schiffe.

dem Meister: dem Nekromanten von Norcia.

Dem weißen Barte kühle Luft zu schenken: den bejahrten Nekromanten vom Feuertode zu erretten.

schwarze Vettern: die Raben gehören zur Verwandtschaft des Teufels.

Undinen: Wassergöttinnen.

Verstehen sie vom Sein den Schein zu trennen: „Von dem wirklich vorhandenen Wasser vermögen die Undinen dessen äußere Erscheinungsform abzulösen und als scheinbares Wasser beliebig anderswo zu verwenden. Allerdings trügt der Schein nur das menschliche Auge, auch das Fausts.“ (Friedrich)

Guelfen und als Ghibellinen: Welfen und Waiblinger, die antikaiserliche und die kaiserliche Partei. Vgl. Erl. zu Akt. I, Szene „Saal des Thrones“ („Die Ghibellinen wie die Guelfen“).

Des Gegenkaisers Zeit

Morgenstern: Schlagwaffe, eine Keule oder ein Streitkolben, deren kugelförmiger oder zylindrischer Körper mit Stacheln besetzt ist.

Kontribution: (von lat. contribuo „teile zu, steure bei") Kriegssteuer.

der Handwerksgruß: der Gruß, mit dem der auf Wanderschaft befindliche Geselle bei jedem Meister, wo er vorsprach, seine Zugehörigkeit zum Handwerk beglaubigen mußte.

Es sei nun usw.: das gespreizte alexandrinische Versmaß ist bezeichnend für das gespreizte, hohle Wesen des Kaisers, der nichts aus dem Vorhergehenden gelernt hat, sondern der alte Schwächling geblieben ist.

uns nur allein: für uns nur allein.

Herr Gott, dich loben wir: das Tedeum, der sog. Ambrosianische Lobgesang.

Mit euch vier Würdigen: mit den vier weltlichen Kurfürsten. Der törichte Herrscher kennt nichts Wichtigeres als die Einsetzung von Erzämtern.
Dich reizt nicht Fern und Früh: ausländische Speisen und vorzeitig zur Reife Gebrachtes.

Ein blank venedisch Glas usw.: Gläser aus Venedig galten als wunderkräftig. Goethes Vater besaß einen ganzen Schrank voll solcher Gläser.
Gift: Gabe; vgl. Mitgift.

Signatur: (von lat. signum „Zeichen, Siegel") Namensunterschrift.

Beth': Bethe, außerordentliche „erbetene" Abgabe von Naturerzeugnissen.

das Chor: (gewöhnlich „der" Chor) der stets nach Osten zu gelegene, daher zuerst von der Sonne erleuchtete Altarraum der Kirche.

5. Akt
Offene Gegend

Szen. Bem. Offene Gegend: gemeint ist eine freie Gegend, die nicht durch Bäume und Felsen verengt ist, sondern mit einem Blick auf die etwas ansteigende Düne abschließt, jenseits deren das Meer liegt. – Manche wollen in der geschilderten Szenerie die Deichpartie erkennen, die sich nördlich von Bremerhaven zwischen Schloß Morgenstern und dem Ochsenturm hinzieht. Tatsächlich befindet sich am Fuße des Ochsenturms ein kleiner Friedhof, in dem Schiffbrüchige bestattet worden sind. Ein kleines Bauerngut ist gleich in der Nähe. Goethe soll eine Darstellung der Kolonisierungsarbeiten und des Deichbaus im Lande Wursten bekannt gewesen sein.

Wanderer: den gegen Abend auftretenden Wanderer hat Philemon vor vielen Jahren nach einem Schiffbruch gerettet und ihm dann Obdach gewährt.

Alt schon jener Tage war: in jenen Tagen schon zu alt war, um heute noch zu leben.

Szen. Bem. Philemon und Baucis: die Namen der beiden Alten gab dem Dichter das auch sonst von ihm benutzte und hauptsächlich aus Ovids „Metamorphosen" (VIII, 611 ff.) bekannte fromme Gattenpaar, die einzigen Frommen in Phrygien, die die Götter Jupiter und Merkur gastfreundlich aufnahmen. Jupiter verschonte sie allein bei der großen, das ganze Volk vernichtenden Flut und setzte sie auf ihren Wunsch zu Hütern und Dienern des Tempels ein, in den er ihre Hütte verwandelte. Auch erfüllte er ihre Bitte, keinen von beiden den Schmerz über den Tod des anderen erleben zu lassen. Philemon ward in eine Eiche und Baucis in eine Linde verwandelt. – Vgl. Goethe zu Eckermann 6. 6. 1831: „Mein Philemon und Baucis hat mit jenem berühmten Paare des Altertums und der sich daran knüpfenden Sage nichts zu tun. Ich gebe meinem Paar bloß jene Namen, um die Charaktere dadurch zu heben. Es sind ähnliche Personen und ähnliche Verhältnisse, und da wirken denn die ähnlichen Namen durchaus günstig."

Kömmling: Ankömmling (wie im Altdeutschen Form ohne Vorsilbe).

Eure Flammen usw.: der Satz ist unvollständig. Sinn des vollständigen Satzes: Eure mich Erstarrten rasch wärmenden Feuerflammen und der Silberlaut des Glöckchens eurer Kapelle, der die Strandbewohner zur Hilfe aufbot, haben jenes grausige Abenteuer (Ereignis) des Schiffsbruchs zu einer glücklichen Lösung (Ausgang) geführt, indem ich dem Leben erhalten und mein „Schatz" (Hab und Gut) der Flut entrissen wurde.

Menschenopfer: der alte Aberglaube des sog. Bauopfers (Einmauern Lebender, Mischung des Mörtels mit Menschenblut), daß, um gewaltige Bauwerke fertigzustellen, ein Mensch geopfert werden müsse; hier wohl veranlaßt durch Unfälle bei den beschleunigten Arbeiten.

Gottlos ist er: der Bauherr Faust.

Palast

Szen. Bem. Faust im höchsten Alter: Goethe zu Eckermann 6. 6. 1831: „Der Faust, wie er im fünften Akt erscheint, soll nach meiner Intention gerade hundert Jahre alt sein."

ein rascher Griff: Mephisto hat natürlich wieder die Pläne Fausts möglichst zum Schlechten gekehrt, indem er statt Handelsschiffahrt Piraterie (Seeräuberei) trieb.

Des verfluchte Hier!: es drückt die Beschränkung aus, die allgemein dem grenzenlosen Streben Fausts durch die Grenzen des Raumes und der Zeit auferlegt ist und im besonderen hier sich darin kundtat, daß das Hüttchen der beiden Alten sich noch außerhalb seines Machtbereichs befindet. Er beschließt deshalb gewaltsame Enteignung der greisen Besitzer.

Dir Vielgewandten: Homerischer Ausdruck.

Wohngewinn: gewonnenes, bewohnbares Land.

Des allgewaltigen Willens Kür: die Wahlfreiheit nach eigenem Willen.

Naboths Weinberg: 1. Kön. 21 wird erzählt, wie Naboth, der seinen am Palaste des Königs Ahab gelegenen Weinberg gegen einen besseren zu vertauschen sich weigerte, infolge falscher Beschuldigung der Gottes- und Königslästerung hingerichtet wurde, worauf der Weinberg an den König fiel.

Tiefe Nacht

Dem Turme geschworen: auf das Türmeramt vereidigt.

Die ewige Zier: die unvergängliche Schönheit der Welt.

Doch sei usw.: doch mag immerhin . . . sein. Erfüllt Faust auch der von ihm nicht gewollte Brand mit Verdruß, so freut er sich doch, bald einen „Luginsland", einen Wartturm, errichtet zu sehen.

im Gefühl großmütiger Schonung: er glaubt Philemon und Baucis gerettet.

geschicht: altertümlich für „geschieht".

Mitternacht

Szen. Bem. Vier graue Weiber: den Hexen in Shakespeares „Macbeth" nachgebildet, mit denen sie auch die Gabe der Weissagung gemeinsam haben.

die Schuld: hier nicht als Gewissensschuld zu verstehen, von der sich Faust nicht belastet fühlt, sondern als pekuniäre Schuldenlast, die bei einem Reichen sich nicht einstellen kann.

Könnt' ich Magie von meinem Pfad entfernen: den Glauben an übernatürliche Einflüsse, dem gegenüber er sich nach reinem Erkennen der natürlichen Ursachen aller Dinge sehnt. Er will nur noch „Mensch" sein, nur noch durch eigene Kraft vorwärtskommen.

verrannt: verhindert, verschlossen.

Tor, wer dorthin usw.: „Faust leugnet nicht Gott und Unsterblichkeit, er lehnt nur die Vermenschlichung der Vorstellung von beiden ab und tadelt, sich durch Jenseitigkeitsgedanken von der innerweltlichen Aufgabe ablenken zu lassen."

Szen. Bem. Sie haucht ihn an: das Anhauchen böser Geister bringt nach dem Volksglauben Krankheiten aller Art. Hier läßt die Sorge Faust erblinden.

Allein im Innern leuchtet helles Licht: bei Blinden wird die Seelentätigkeit gewöhnlich reger; Faust will nun die Vollendung seines gewaltigen, gemeinnützigen Bauunternehmens beschleunigt wissen.

Großer Vorhof des Palasts

Lemuren: im römischen Volksglauben fleisch- und kraftlose Knochengespenster, die Geister verstorbener böser Menschen.

Wie jung ich war: nach dem Totengräberlied in Shakespeares „Hamlet" (V, 1), aber nach der älteren Fassung in Percys „Reliques":

In jungen Tagen ich lieben tät,
Das deuchte mir so süß,
Die Zeit zu verbringen, ach früh und spät
Behagte mir nichts wie dies.
Doch Alter mit dem schleichenden Tritt
Hat mich gepackt mit der Faust
Und hat mich aus dem Lande geschifft,
Als hätt' ich da nimmer gehaust.
Ein Grabscheit und ein Spaten wohl
Samt einem Kittel aus Lein,
Und oh, eine Grube, gar tief und hohl,
Für solchen Gast muß sein!

Buhnen: landzungenartig ins Meer vorgebaute Dämme zum Brechen der Wogen und zur Erleichterung von Anschwemmungen.

Dem Wasserteufel: weil Neptun hier zerstörend wirkt. Die heidnischen Götter betrachtet Mephisto als Verwandte.

Aufseher: man beachte, daß Faust im ganzen fünften Akt Mephisto als Untergebenen behandelt.

presse bei: bringe durch Gewalt her.

der unternommene Graben: von einem zu entwässernden Sumpf nach dem Hauptkanal hin. Die folgende Schilderung ist derjenigen Goldsmiths in seinem „Traveller" nachgebildet, der die erfolgreichen Arbeiten der Holländer zur Gewinnung von wertvollem Neuland sehr anschaulich darstellt.

Auf freiem Grund mit freiem Volke stehn: „nicht als Herrscher will er unter ihnen stehen, sondern als freier Mann mit freiem Volk. Im Vorgefühl dieses Glückes genießt er den höchsten Augenblick" (Witkowski).

dürft' ich sagen: der umstrittene Konjunktiv, den Mephisto als Indikativ ansieht.

Äonen: (griech.) Ewigkeiten.

Den höchsten ... Augenblick: Mephisto denkt, Faust wolle zu dem j e t z i g e n Augenblick sagen: „Verweile doch" usw.

es ist vollbracht: Parodie des Wortes des sterbenden Christus (Joh. 19,30).

Grablegung

Szen. Bem. Lemur. Solo: spricht an Stelle des Toten. – Bei dem Grablegungsgesang schwebt die dritte Strophe des weiter oben angeführten Totengräberliedes aus „Hamlet" vor.

dumpfer Gast: des Lebens beraubter Gast.

im hänfnen Gewand: im leinenen Sterbehemd.

Das Ob: ob das Opfer wirklich tot, nicht nur scheintot ist.

Szen. Bem. Phantastisch-flügelmännische Beschwörungsgebärden: wie sie der Flügelmann, der Größte in der Reihe, den anderen die befohlenen Übungen in übertriebener Weise vormacht.

Höllenrachen: nach den mittelalterlichen Ausmalungen von Jesaja 5,14.

Phosphor: Anspielung auf die materialistische Lehre, daß die Seele aus dem Phosphor des Gehirns bestehe.

Psyche: (griech.) die Seele, als Schmetterling gedacht.

Mit meinem Stempel usw.: nach dem Volksglauben drückt der Teufel den ihm verfallenen Seelen ein Mal auf.

auf die niedern Regionen: des menschlichen Körpers.

Schläuche: etwa soviel wie Dickbäuche.

In Nabel usw.: Anspielung auf die Omphalopsychiten, christliche Schwärmer, die durch dauerndes Betrachten des eigenen Nabels (griech. omphalos) sich in höchste Seelenverzückung versetzten.

Szen. Bem. Glorie: himmlisches Licht.

Gesandte: wörtliche Übersetzung des griech. Wortes für „Engel".

Gestümper: das halb knaben-, halb mädchenhaft klingende Singen der geschlechtslosen Engel, die Mephisto boshaft mit Kastraten vergleicht. Ihr unnatürlicher, vielbewunderter Gesang war eine besondere Erbauung der frommen Kirchenbesucher.

Gauch: in der ursprünglichen Bedeutung „Kuckuck", hier Name für den Teufel.

Blümeleien: Blumenspiele.

Das schmilzt: die Rosen.

Püstriche: pustende, schnaubende Teufel. Den Namen Püstrich trug ein Götzenbild mit aufgeblasenen Backen, das Feuer an- und ausblies und Dämpfe ausatmete.

Broden: heißer Dampf. vgl. brodeln.

Satane stehen auf den Köpfen usw.: infolge des Schmerzes, den ihnen die glühenden Rosen verursachen, stellen sich manche Teufel auf den Kopf, andere überkugeln sich rückwärts und stürzen rücklings in den Höllenrachen.

von Luzifers Geschlecht: Luzifer war, bevor er andere Engel zum Abfall von Gott aufwiegelte, ein Engel wie die anderen, noch durch besondere Schönheit ausgezeichnet.

Atme der Geist: Fausts Geist soll erlöst aufatmen; die Luft ist für ihn jetzt rein.

Bergschluchten, Wald, Fels, Einöde

Szen. Bem. Bergschluchten: Goethe schwebten hier wohl die Humboldtsche Beschreibung des spanischen Berges Montserrat mit seinen Einsiedeleien sowie ein Gemälde des Campo Santo (Kirchhofs) zu Pisa vor, die thebaische Wüste mit Einsiedlern, der ägyptischen Maria, Löwen, Bergterrassen usw. darstellend.

Anachoreten: (griech.) Einsiedler. – **Pater ecstaticus:** ein Pater, Mönch, im Zustande begeisterter Verzückung. Das Auf- und Abschweben soll andeuten, daß die Erdenschwere bereits überwunden ist.

Szen. Bem. Pater profundus: ein Pater in der Tiefe, dessen Herz noch nicht völlig erleuchtet ist. (lat. profundus „tief").

Szen. Bem. Pater seraphicus: ein Pater, der zu den Seraphs in Beziehung steht, schon mehr erleuchtet ist; zu ihm kommen die seligen Knaben. Die kathol. Kirche nennt den heil. Franz von Assissi Pater seraphicus, weil ihm ein gekreuzigter Seraph erschien und ihm Wundmale beibrachte.

Morgenwölkchen: eine Schar jugendlicher Geisteswesen.

Knaben, Mitternachts-Geborene: „Die in der Geisterstunde geborenen, aber sofort wieder verstorbenen Kinder bedürfen, weil sie zwar selbst keine Sünde getan haben, aber doch mit der Erbsünde belastet sind, der Läuterung; sie bedürfen auch der Belehrung, da sie auf Erden keine Erfahrungen machen konnten und da ihnen jetzt die Sinne fehlen. Darum läßt sie der Pater mit seinen Augen die Welt betrachten. Obwohl er ihnen die Dinge auch noch deutet, fühlen sie sich jedoch vom Irdischen abgestoßen." (Friedrich)

Steigt hinan zu höherm Kreise: zu einer höheren Himmelssphäre, die einen höheren Grad der Seligkeit darstellt.

Wer immer strebend . . . erlösen usw.: Grundgedanke des Dramas. Vgl. Goethe zu Eckermann 6. 6. 1831: „In diesen Versen ist der Schlüssel zu Fausts Rettung enthalten: in Faust selber eine immer höhere und reinere Tätigkeit bis ans Ende, und von oben die ihm zu Hilfe kommende ewige Liebe. Es steht dieses mit unserer religiösen Vorstellung durchaus in Harmonie, nach welcher wir nicht bloß durch eigene Kraft selig werden, sondern durch die hinzukommende göttliche Gnade."

Asbest: ein unverbrennlicher Faserstoff, aus dem feine Gewandung zur Umhüllung der zu verbrennenden Toten hergestellt wurde. Dieser Stoff blieb im Feuer rein und unversehrt. Sinn der Stelle: der Erdenrest würde, selbst wenn er von Asbest wäre, nicht von allem Irdisch-Niedrigen frei sein.

wenn starke Geisteskraft usw.: wenn der Geist in eine zu innige Verbindung mit der Materie getreten ist, kann er zu reiner Geistigkeit ohne materielle Trübung nur durch die göttliche Liebe kommen. Die vollkommene Läuterung Fausts muß also noch erfolgen; jetzt befindet er sich noch im „Puppenstand", d. h. im Übergangszustand zu vollkommener Wesenheit.

Geeinte Zwienatur: den mit dem Stoffe zu einer Einheit verbundenen Geist.

Steigendem Vollgewinn: Ansteigen zur Vollkommenheit.

Englisches Unterpfand: Anwartschaft auf die Daseinsform, die Faust den Engeln nebenordnet.

die Flocken: die Puppenhülle, hier die Erdenreste.

Szen. Bem. Doctor Marianus: (lat.) ein Vertreter der reinsten Verehrung der gnadenreichen Jungfrau Maria. – **in der höchsten, reinlichsten Zelle:** Sinnbild der geläuterten Erkenntnis des Ewigen. – **Mater gloriosa:** (lat.) die ruhmreiche Mutter, die verklärte Maria als Himmelskönigin. – **Magna peccatrix:** (lat.) „die große Sünderin" Maria Magdalena, die nach Luk. 7,36 dem im Haus des Pharisäers Simon speisenden Jesus sich zu Füßen warf, diese unter Tränen salbte und mit ihren Haaren „weichlich" (sanft) trocknete. – **Mulier samaritana:** (lat.) „die samaritische Frau", die nach Joh. 4,5 ff. dem Herrn am Jakobsbrunnen einen kühlen Trunk spendete, worauf dieser zu ihr sagte (5,14): „Wer von dem Wasser trinkt, das ich ihm gebe, der wird in Ewigkeit nicht wieder durstig werden, sondern das Wasser, das ich ihm gebe, wird in ihm zu einem Lebensquell werden, der zu ewigem Leben sprudelt."

Überflüssig: überfließend.

Szen. Bem. Maria aegyptiaca: (lat.) „die ägyptische Maria", von der in den Acta Sanctorum (Heiligengeschichte) berichtet wird, sie sei nach langem Wollustleben zum Heiligen Grabe gewallfahrtet, aber dort von unsichtbarer Macht zurückgestoßen worden, worauf sie 40 Jahre als Büßerin in der Wüste gelebt habe. Vor ihrem Tode habe sie in den Sand geschrieben, man möge für ihr Seelenheil beten, was auch geschehen sei.

dieser guten Seele: Gretchen.

Die sich einmal nur vergessen: als sie sich Faust hingab.

angemessen: in einem ihrer Schuld angemessenen Umfange.

Szen. Bem. Una Poenitentium: (lat.) „eine der Büßerinnen": Gretchen.

Der ... nicht mehr Getrübte: der mit keinem irdischen Flecken mehr Behaftete, sondern Verklärte.

An mächtigen Gliedern: durch dieses äußere Wachstum wird sein Zunehmen an innerer Vollkommenheit symbolisch dargestellt.

Lohn . . . erwidern: er wird die treue Pflege (die liebevolle, treue Sorge Gretchens um sein Heil) durch immer steigende Selbstvervollkommnung reichlich belohnen.

Von Lebechören: von den Scharen der Lebenden.

gelernt . . . lehren: hat im Leben gelernt, daß „immer strebendes Bemühen" endlich zum Ziele führt; die göttliche Gnade muß freilich hinzukommen.

umzuarten: innerlich zu verklären.

Szen. Bem. Chorus mysticus: (lat.) „mystischer Chor" der Anachoreten.

Alles Vergängliche usw.: alles in der diesseitigen Welt vor sich Gehende ist nur Ab- und Sinnbild des ihm zugrunde liegenden vollkommenen Seins in der jenseitigen Welt.

Das Unzulängliche: das unvollkommene Irdische.

Hier wird's Ereignis: hier wird's vollkommene Wirklichkeit.

Das Unbeschreibliche usw.: die ideale Vollendung, die sich nicht beschreiben läßt, ist hier Tatsache.

Das Ewig-Weibliche usw.: die ewige, im innersten Wesen des Weibes begründete Eigenschaft der Sehnsucht nach dem Höchsten und Besten, nach idealer Vollendung, bringt uns dem wahren Sein und der sittlichen Vollkommenheit näher. Für das ewige Wesen des Weiblichen hat Goethe die Jungfrau Maria, für ihre irdische Erscheinung Gretchen als Sinnbild genommen.

GANG DER HANDLUNG

1. Akt

Anmutige Gegend

Faust, der den furchtbarsten Zusammenbruch erlebt hat, der sich schuldig fühlt an der Vernichtung eines schlichten und reinen Menschenkindes wie Gretchen, können wir unmöglich wieder in irgendeiner neuen Betätigung erblicken; er muß erst das überwinden, was ihn bedrückt, was ihn als Gewissensvorwurf belastet. Zeit und Natur lassen nun seine zerrissene Seele von den furchtbaren Qualen seines Schuldbewußtseins genesen.

Er blickt nach oben und erwartet das Aufgehen der Sonne, der erhabensten Offenbarung des unendlichen Lebens. Aber in dem Augenblick, wo sie sich über den Himmelsrand erhebt, muß er sich auch schon abwenden: seine Augen können das strahlende Licht nicht ertragen. Den Blick wieder zur Erde gerichtet, sieht Faust mit wachsendem Entzücken einen hoch aufschäumenden Wassersturz das Felsenriff durchbrausen. Die unerschöpfliche, unendliche Kraft, mit der er in tausend und aber tausend Strömen sich ins Tal hinab ergießt, erweckt Fausts eigenes Kraftgefühl, so daß er sich zu neuem Beginnen angetrieben fühlt. Ein Regenbogen, „diesem Sturm entsprießend", wird ihm zum Symbol für sein ferneres Leben und Streben. Er hat erkannt, daß es dem Menschen versagt ist, zur vollen Wahrheit, zur Erkenntnis der göttlichen Idee, die der ganzen Schöpfung zugrunde liegt, zu gelangen. Er muß sich mit der Beobachtung der äußeren ihm zugänglichen Erscheinungen, dem „farbigen Abglanz" des Sonnenlichtes, dem Anblick des Regenbogens, begnügen.

Nachdem so die Wandlung Fausts zur Darstellung gebracht ist, beginnt mit der folgenden Szene die eigentliche Handlung.

Kaiserliche Pfalz. Saal des Thrones

Wir erblicken den Kaiser in dem Thronsaal seines Palastes, umgeben von seinem Staatsrat, und zu seiner Rechten den schicksaldeutenden Astrologen. Der Platz zur Linken aber ist leer: Der dicke Hofnarr, der ihn sonst einnahm, ist soeben auf der Treppe niedergestürzt. An seine Stelle drängt sich sofort, „köstlich aufgeputzt", Mephistopheles, um in dessen Maske sich und seinem Begleiter den gewünschten Zutritt zum Hof zu verschaffen. Nun beginnt die Audienz. Die hohen Kronbeamten klagen ihre Not und Bedrängnis und entwerfen ein historisch treues Bild verworrener Zeit. Zuerst schildert der Kanzler die Unbilden und Greuel des Faustrechts, die Schwäche der richterlichen Gewalt, das Unterliegen der Unschuld, den Triumph des Verbrechens und die Gefährdung des Grundbesitzes. Der Heermeister klagt über Insubordination der Krieger, über den Trotz der Bürger hinter den Mauern ihrer Städte und der Ritter auf ihren Felsenburgen sowie über Mangel an Sold für die Truppen. Dann nimmt der Schatzmeister das Wort und jammert über leere Kassen und Zahlungsunfähigkeit: die von fremden Bundesgenossen versprochenen Subsidiengelder bleiben aus, die Inhaber der Reichslehen und des Grundbesitzes streben nach immer größerer Unabhängigkeit; jeder sorgt nur für sich selbst und kümmert sich nicht um die Allgemeinheit. Zuletzt äußert sich der Marschall, dem es obliegt, für Küche und Keller und Unterkommen des kaiserlichen Hoflagers zu sorgen, in ähnlichem Sinne. Nun wendet sich der Kaiser, der keinen Ausweg aus dem Labyrinth der Nöte sieht, fast verzweifelnd an den Narren mit der Frage, ob er ihm nicht auch eine Not zu klagen habe. Der aber äußert sich ermutigend, so daß die Zuhörer einen Schmeichler und Projektemacher in ihm wittern. Mephisto läßt sich dadurch nicht irremachen und gibt zu erkennen, daß er das fehlende Geld durch Auffindung verborgener Schätze herbeizuschaffen vermöge. Er weiß die Begierde des Kaisers zu erregen und macht sich anheischig, sie zu befriedigen. Er erinnert an die in alter Römerzeit, zur Zeit der Völkerwanderung und noch späterhin vergrabenen Schätze, die nach altem Feudalrecht dem einzigen Grundbesitzer, dem Kaiser, gehören. Der Kaiser verlangt nach so vielen Worten und Versprechungen nähere Aufklärung, doch Mephisto hält sich im Allgemeinen; das dringende Begehren des Kaisers wird zuletzt von dem Astrologen beschwichtigt, der daran erinnert, daß alles seine Zeit habe und daß der Karneval zur Fröhlichkeit bestimmt sei, worauf der Kaiser erklärt, seine Ungeduld bis Aschermittwoch bezähmen zu wollen. Nun beginnt der Karneval, der Mummenschanz.

Weitläufiger Saal mit Nebengemächern

Ein Herold eröffnet den Mummenschanz mit einer Anrede an die versammelte Menge, ermahnt sie, des deutschen Ernstes eine Zeitlang sich zu entäußern und sich der ungebundenen Lust hinzugeben. Schon nahen, charakteristisch aufgeputzt, die Maskenzüge. Zuerst erscheinen junge florentinische Gärtnerinnen, darauf folgen Fischer und Vogelsteller.

Aber bald sieht sich die feine Hofgesellschaft von groben Holzhauern zur Seite gedrängt, ein Trunkener taumelt vorüber und singt halb bewußtlos sein Lied. Dann treten nacheinander drei Triaden aus der griechischen Mythologie auf: die Grazien, die Parzen und die Furien. Aber sie werden zur Seite gedrängt durch die Riesenerscheinung eines geschmückten Elefanten mit vier weiblichen allegorischen Gestalten. Die Klugheit sitzt dem Koloß im Nacken und lenkt ihn mit dünnem Stäbchen. Über den Zinnen eines Turmes auf dem Rücken des Tieres thront die zweite als geflügelte Viktoria im Siegesglanz, und zur

Seite schreiten Furcht und Hoffnung. Thersites tritt auf als unedler Gegensatz zum edlen Achilles. Er ist als Personifikation der Niedrigkeit und Gemeinheit bekannt geworden; da braucht der Herold sein Recht, die Maskenfreiheit zu beschränken, und schlägt ihn mit dem Stabe wie einst Odysseus seinen Vorfahren. Aber der unförmige Zwerg verwandelt sich in ein Ei, es platzt, und aus ihm kommen eine giftige Otter und eine lichtscheue Fledermaus hervor. Bei diesem unerwarteten Anblick wird der versammelten Menge etwas unheimlich zumute; die Mitwirkung Mephistos bei der Festlichkeit macht sich immer deutlicher bemerkbar. Ein prachtvoller, mit vier Flügeldrachen bespannter Wagen braust leuchtend heran, von einem wunderschönen Knaben gelenkt. Die Drachen hemmen auf des Lenkers Ruf ihren stolzen Flug und werden nun von der neugierig staunenden Menge umdrängt. Wohl schildert der Herold die äußere Erscheinung, aber er vermag nicht, die Persönlichkeit der im Wagen thronenden, königlich geschmückten Gestalt im Turban und reichen Faltenkleide zu bezeichnen, so daß der Wagenlenker ihm zu Hilfe kommt und seinen Herrn als Plutus, den Gott des Reichtums, zu erkennen gibt, der sich auf Wunsch des Kaisers eingestellt habe. Und nun beginnt der schöne Knabe seine Gaben auszuteilen: goldene Spangen, Kämme, Perlenbänder, Krönchen, Ringe. Doch sowie die Menge hastig nach den Kleinodien hascht, verwandeln sie sich trügerisch in schwirrende Käfer, Schmetterlinge und leuchtende Flämmchen. Der getäuschte Haufe rächt sich nun durch Tätlichkeiten. Schon will sich der Herold in den Zwist einmischen und die Ruhe wiederherstellen, als die feuerspeienden Drachen mit ihren Flügeln sich freie Bahn machen und, nachdem Plutus herabgestiegen ist, auf seinen Wink die goldene Truhe vom Wagen herunternehmen und vor des Gebieters Füße stellen. Der Knabe aber, die verkörperte Fülle der Poesie, der alle Reichtümer zu Gebote stehen, kehrt, seiner Bürde ledig, auf dem Flügelwagen aus der niederen, verworrenen Sphäre in seinen Wohnsitz, die höheren Regionen der Klarheit und Schönheit, zurück. Der zurückgebliebene Plutus, in dessen Maske Faust steckt, öffnet mit dem Stabe des Herolds die Truhe, in der das Gold emporwallt. Als nun die bunte Menge der Masken es gierig erraffen will, taucht Plutus den Heroldsstab in die siedende Glut und droht, die Zudringlichen mit dem flüssigen Gold zu besprengen. Schreiend fliehen sie auseinander. Da naht, durch Getümmel und wilden Gesang schon von fern angekündigt und von Faunen, Satyrn, Gnomen, Riesen und Nymphen umtanzt, der große Pan. Sie feiern ihn im Gesang; daraufhin nahen sich dem Gott

Gnomen, die ihn zu der Feuerquelle führen. Als er sich aber bückt, um hineinzuschauen, gerät sein Bart in Brand und entzündet auch seine Gewänder. Beim Löschen geraten auch die harzigen Kleider seiner Begleiter in Brand, und zugleich verbreitet sich der Ruf, daß der Kaiser in der Maske des großen Pan verborgen sei. Schon ergreift das Feuer die Dekorationen der Wände und droht, den ganzen kaiserlichen Palast zu verzehren, als Faust dazwischentritt und den gefährlichen Brand mit Wolken, Nebel, Dunst und Regen auf zauberhafte Weise löscht.

Lustgarten

An die Vorgänge des Abends reiht sich eine heitere Gartenszene. Der Marschall berichtet dem Kaiser, daß der Geldmangel durch reichen Geldzufluß behoben sei. Mit gleicher Freude äußern sich der Heermeister, der Schatzmeister und der Kanzler, zu des Kaisers nicht geringer Verwunderung. Dieser legt nun ein mit des Kaisers Namenszuge versehenes, gedrucktes Staatspapier, eine Kassenanweisung auf 100 Kronen, vor. Den aufwallenden Zorn des Kaisers über die vermutliche Fälschung seiner Unterschrift beschwichtigt er durch die Versicherung, daß er selber in der vergangenen Nacht ein solches Papier unterschrieben habe und es nur vervielfältigt worden sei. Das ganze Volk fühle sich wie neubelebt und sei zu neuer Lust erwacht. Der Kaiser ist glücklich.

Finstere Galerie

Faust hat dem Kaiser versprochen, Helena und Paris erscheinen zu lassen, und drängt nun Mephisto, ihm dabei zu helfen. Dieser sträubt sich erst eine Zeitlang, indem er versichert, daß er, der mittelalterliche Teufel, nicht über die Heroen des Heidenvolkes gebieten könne. Er verweist Faust an die „Mütter“ und beschreibt ihm ihren Aufenthalt in der Tiefe, wo sie in der Einsamkeit thronen. Zugleich überreicht er ihm einen Zauberschlüssel und heißt ihn mit dem Fuß auf den Boden stampfen. Dann werde er in die Tiefe versinken, im tiefsten Grunde zu einem glühenden Dreifuß gelangen, bei dessen Scheine er die Mütter erblicken werde. Faust möge den Dreifuß berühren; dieser werde, vom Schlüssel magnetisch angezogen, mit ihm zur Oberwelt emporsteigen, und dort könne er aus den ihm entsteigenden Weihrauchnebeln mit Hilfe der Magie Helena und Paris beschwören. Faust folgt dieser Anweisung, stampft auf den Boden und versinkt.

Hell erleuchtete Säle

Während der Fahrt Fausts zu den Müttern versammelt sich am Abend in den hell erleuchteten Sälen des Palastes der Hof in ungeduldiger Erwartung des versprochenen Schauspiels. Mephisto wird von allen Seiten an die Erfüllung des Versprechens gemahnt. Nachdem er sich die Abgesandten des ungeduldigen Kaisers vom Halse geschafft hat, bedrängt ihn eine andere Schar, die in ihrem leichtfertigen Genußleben Rat und Hilfe gegen allerlei Beschwerden sucht.

Rittersaal

Posaunenschall verkündet, daß der Kaiser und der Hof Platz genommen haben; die Wand rollt wie ein Vorhang auf und zeigt im Hintergrunde eine Bühne. Der Astrolog besteigt das Proszenium, um den Prolog zu sprechen. Schon steigt Faust, von seiner Niederfahrt zurückkehrend, auf der einen Seite des Proszeniums aus dem Boden herauf, den feurigen Dreifuß mit sich führend. Noch aufgeregt von dem, was er bei den Müttern geschaut hat, beginnt er seine Beschwörung. Kaum berührt der Schlüssel den Dreifuß, so verbreitet sich ein Nebeldunst und ballt sich zu Wolken; melodische Töne erklingen, und aus den Weihrauchwolken tritt als schöner, blühender Jüngling Paris hervor, dessen Gestalt und Bewegungen von den Hofdamen gepriesen und den Herren getadelt werden. Jetzt senkt sich zum zweiten Male ein Wolkenschleier nieder, und Helenas wundervolle Gestalt taucht aus ihm auf. Über ihre unvergleichliche Anmut äußern sich die Zuschauer in modern verbildetem Sinne. Aber auch Neid und Prüderie machen sich über Wesen und Benehmen der antiken Schönheit lustig. Als aber Helena den schlafenden Paris küßt, entbrennt Faust bis zur Selbstvergessenheit in Eifersucht, und als Paris Helena umfaßt, um sie zu entführen und das Drama im Sinne des Altertums zum Abschluß zu bringen, dringt Faust, überwältigt von der Macht der Geister, die er selbst beschworen hat, auf sie ein. Indem er den Schlüssel gegen Paris kehrt, zerstört er in wahnsinnigem Liebesrausch die Täuschung, die er selbst hervorgerufen hat. Während sich die Geister verflüchtigen, stürzt Faust besinnungslos zu Boden; unter dem Schutz der Finsternis trägt Mephisto den Betäubten auf seinen Schultern aus dem Tumulte fort.

2. Akt

Hochgewölbtes, enges gotisches Zimmer

Mephisto hat den ohnmächtigen Faust nach seiner ehemaligen Wohnung getragen. In dem hochgewölbten Studierzimmer ist alles noch so, wie es einst war, als sie zur ersten Weltfahrt auszogen. Jetzt wohnt aber Wagner hier, der weltberühmte Professor, der die Geheimnisse nicht bloß der Handschriften, sondern auch der Gestirne entziffert und soeben im Begriffe steht, in seinem Laboratorium auf den Spuren des Paracelsus mit Hilfe der chemischen Körperbildung ein Menschlein (Homunkulus) zuwege zu bringen.

Laboratorium

Wagner ist mit allen Kräften bemüht, durch chemische Kunst einen Menschen zu bilden. Mephisto wünscht dringend dabeizusein; ja, er hat ein ganz besonderes Interesse daran, daß der Homunkulus zustande kommt, da er seiner zur neuen Weltfahrt bedarf.

Da ruft Wagner triumphierend: „Es leuchtet! Seht!“, und wirklich glänzt und leuchtet es in der Phiole. Ein Mensch entsteht, man hört schon seine Stimme; er sagt zu Wagner „Väterchen“ und zu Mephisto „Schalk, Herr Vetter!“

Da Mephisto alles an der geistigen Wiederbelebung Fausts gelegen ist, weist er den Homunkulus auf diesen hin, und kaum hat Homunkulus Faust erblickt, so entschlüpft er Wagners Händen und schwebt über Faust. Er erkennt sofort die Träume, die Fausts Gehirn durchziehen, weiß, daß er, der das Land der Griechen mit der Seele sucht, nur dort genesen kann, daß aber auch Mephisto, wenngleich unwillig, mit Faust nach Griechenland ziehen muß, wo er selbst machtlos ist. Ein Zauberwort des Homunkulus rüttelt ihn auf und besiegt seine Abneigung gegen die Fahrt nach Osten: „Thessalische Hexen!“ Das ist eine Abwechslung, die den Lüsternen lockt. Er ist bekehrt, und Homunkulus befiehlt die Mantelreise, bei der er den beiden Gefährten voranleuchten will. Wagner wird enttäuscht zurückgelassen.

KLASSISCHE WALPURGISNACHT

Pharsalische Felder

Auf dem Zaubermantel Mephistos gelangen die drei unter Leitung des Homunkulus nach Thessalien, wo auf dem alten Schlachtfeld von Pharsalus alljährlich die klassischen Gespenster, d. h. die Gestalten der griechischen Sage, sich ein ähnliches Stelldichein geben wie die Hexen in der nordischen Walpurgisnacht. Eine thessalische Hexe, die Zauberin Erichtho, eröffnet den nächtlichen Reigen mit einem Prolog, wird aber durch die Ankunft der Luftfahrer unterbrochen. Während sie sich entfernt, senken sich die Ankömmlinge herab, und in Mephisto weckt der Anblick der gespenstischen Gestalten heimische Erinnerungen, während sie Homunkulus unheimlich und bedenklich erscheinen. Sowie Faust den klassischen Boden berührt, erwacht er wieder zum Bewußtsein. Jeder der drei muß nun seine eigenen Abenteuer bestehen. So trennen sich ihre Wege. Ganz natürlich beginnt Mephisto die erste Wanderung bei den niederen Dämonen, um dann mit Faust zur Sphäre der Heroen und schließlich mit Homunkulus zum Reiche der Halbgötter emporzusteigen.

Am obern Peneios

Mit den seltsamen Gestalten, die sich um die Wachtfeuer gelagert haben, knüpft zuerst Mephisto Bekanntschaft an. Faust hofft beim Anblick dieser Gestalten, daß seine Suche nach Helena nicht ohne Erfolg bleiben wird. Auf seine Frage verweisen sie ihn an den Zentrauren Chiron, den zum Reden zu bringen, sie ihm als erste Aufgabe stellen.

Am untern Peneios

Aus den Pharsalischen Gefilden sehen wir uns an den untern Peneios mit seinen Zuflüssen versetzt. Faust erkennt den ersehnten Chiron, der sich auf seine Bitte bereit erklärt, ihn durch den Fluß zu tragen. Rasch sind die beiden bei Manto angelangt, und Chiron führt Faust bei ihr ein. Sie empfängt den Ankömmling freundlich, und nachdem sie Fausts Wunsch, Helena zu gewinnen, erfahren hat, lädt sie ihn ein, in des Olympos inneres Geklüft zu Persephone hinabzusteigen und sie um Erfüllung seines Wunsches zu bitten.

Am obern Peneios wie zuvor

Der Schauplatz ist an den obern Peneios zurückverlegt. Die Sirenen werden jetzt durch den Ausbruch eines Erdbebens ins Meer hinabgescheucht, aber die Sphinxe verharren unbeweglich an ihrer Stelle und beschauen das Emporsteigen des alten Giganten Seismos, der höchst befriedigt auf das Werk seiner starken Arme und Schultern blickt. Der Aufforderung, die frisch entstandenen Wälder und Felsen zu bevölkern, folgen die niederen Dämonen: die goldgierigen Greife, die sammelnden Ameisen und das Zwergenvolk der Pygmäen und Daktylen, der Däumlinge, die den unterirdischen Schmieden als kleinste Kobolde dienen. Von den Pygmäen werden die emsigen Waffenträger auf ihre Feinde, die Kraniche, gehetzt, deren Tod sodann die Vögel des Ibykus zu rächen beschließen. Jetzt tritt Mephisto wieder auf, den Lamien nachziehend. Er beklagt sich über den unbekannten, beschwerlichen Ort und lobt seine alte Heimat: den Ilsenstein, die Heinrichshöhe, den Schnarcherfelsen und Elend am Blocksberg, stolpert aber dann wieder hinter den verführerischen Truggestalten her. Da drängt sich auch Mühmchen Empuse mit dem Eselsfuße und dem Eselsköpfchen heran und begrüßt Mephisto herzlich als ihren Vetter, der jedoch nichts von ihr wissen will. Als er aber lüstern nach den Lamien greift, verwandeln sich diese in Fratzen und Fledermäuse, so daß er froh ist, als er sie endlich abgeschüttelt hat. Von einem kurzen Gespräch mit der Oreade wird er durch die Begegnung mit Homunkulus abgezogen, der Thales und Anaxagoras gefunden hat und sich jetzt zwischen diese beiden drängt, die in einer Diskussion über Naturkräfte und Erdbildung begriffen sind. Thales verficht die Entstehung aller Dinge aus dem Wasser, Anaxagoras dagegen die aus dem Feuer. Ungeachtet der Anerbietungen des Anaxagoras folgt Homunkulus der Aufforderung des Thales; die rächenden Kraniche kommen herbeigeflogen und töten die Pygmäen, und Daktylen und Imsen stürzen in schleuniger Flucht davon.

Nachdem Homunkulus von Thales zu dem heiteren Meeresfest fortgeführt worden ist, erscheint der noch immer umhertappende Mephisto und findet unverhofft Gelegenheit, seine häßliche Teufelsgestalt unter einer verwandten und noch widerwärtigeren Maske in die antike Göttergestaltenwelt einzuschmuggeln. Er erblickt nämlich in einer Höhle des Gebirges drei häßliche, grauenhafte Unholdinnen: die Phorkyaden. Mit ihnen wird er handelseins, daß sie ihm erlauben, kurze Zeit als eine von ihnen in der Welt aufzutreten. So findet er Aufnahme in die klassische Götterwelt.

Immer näher werden wir nun zu den Felsbuchten des Ägäischen Meeres hinabgeführt. Die Sirenen singen bezaubernd, ihr Gesang lockt die Nereïden und Tritonen aus dem feuchten Grund hervor. Die Sirenen begehren von ihnen, daß sie die Kabiren herbeiholen. Da naht Thales mit Homunkulus und führt ihn zur Höhle des Meergreises Nereus; doch dieser weist beide zu Proteus, da er selbst die Ankunft Galateas erwarte.

Der vorüberziehende festliche Chor hat den neugierigen Proteus, an den Nereus den Thales und Homunkulus verwiesen hat, ans Ufer gelockt. Er erteilt Homunkulus seinen Rat und führt ihn in Thales' Begleitung dem lebenschaffenden, gestaltenentwickelnden Urelement des Meeres zu.

Felsbuchten des Ägäischen Meers

Die Schlußszene des Aktes schildert das nächtliche, heitere Meeresfest. Wie von Rhodos die Telchinen, so naht von Zypern die paphische Taubenschar Aphrodites, und als Betreuer und Führer ihres Muschelwagens reiten Psyllen und Marsen auf Meerestieren, Meerkälbern und Meerwiddern voran. Auf Delphinen nahen, schöne Jünglinge mit sich führend, die Töchter des Nereus, die Doriden. Von ihrer Schar umgeben, zieht nun die schöne Galatea an dem nach ihr verlangenden Vater vorüber. Als der glänzende Festzug sich vom Ufer wieder entfernen will, wird Homunkulus durch Galateas unwiderstehlichen Reiz angezogen, seiner formellen Gestaltung näher geführt und sprengt, von Sehnsucht und Liebe getrieben, seine beengende Hülle, die ihn in hemmende Schranken einschloß. Der befreite Feuergeist ergießt sich flammend mit phosphoreszierendem Glanz über die Wellen, die Galateas Muschelwagen umspielen. Die Macht der Liebe hat siegreich die Vereinigung der heterogensten Elemente zustande gebracht, und alle feiern in einem begeisterten Schlußgesang dieses einträchtige Zusammenwirken der Elemente.

3. Akt

Vor dem Palaste des Menelas zu Sparta

Helena hat mit Persephones Erlaubnis menschliche Gestalt angenommen und kehrt wieder in die Zeit ihres Erdendaseins zurück. Nachdem sie auf den Schiffen des Menelaos an der lakonischen Küste gelandet ist, eilt sie, dem Gebot des Königs entsprechend, mit ihren Frauen zum Palast in Sparta voraus, um zu sehen, wie während ihrer langen Abwesenheit das Haus verwaltet worden ist, und um ein Opfer vorzubereiten, während Menelaos selbst am Meeresgestade erst eine Musterung seiner Krieger abhält. In der Gestalt der alten Schaffnerin und Palasthüterin Phorkyas tritt Mephisto Helena entgegen. Mit Wollust deckt Phorkyas Helenas Vergangenheit und Liebesleben auf. Als sie vernimmt, daß Achilles nach seinem Tode sich mit ihr, dem Schatten der früher Geliebten, verbunden habe, ein Idol mit einem Idole, sinkt sie ohnmächtig in die Arme ihrer Begleiterinnen. Nachdem die Königin sich wieder erholt hat, erinnert sie sich an die ihr aufgetragenen Opfervorbereitungen, wird aber zugleich durch Phorkyas' Mitteilung, daß sie selbst das Opfer sein werde, aufs neue erschreckt. Phorkyas fordert sie auf, in das nördliche Gebirgstal zu fliehen, wo sich fremde Ankömmlinge unter einem edlen Führer eine feste Burg erbaut haben. Schon erschallen Trompeten als Zeichen der Ankunft des Königs, da entschließt sich Helena zur Flucht. Von Phorkyas geführt, entflieht sie; eine Nebeldecke verbirgt sie, und während eines Chorgesanges verändert sich die Szene in das Innere eines mittelalterlichen Burghofes.

Innerer Burghof

Als die Nebelwolke weicht und die Flüchtlinge sich von den düsteren Wölbungen der Burg umschlossen wiederfinden, forscht Helena vergebens nach ihrer Führerin. Diese ist vorausgeeilt, um die Ankunft der Gäste zu melden, und schon steigen in langem Zuge zierliche Knappen die Burgstufen herab und breiten Teppiche und Polstersitze aus, auf denen sich Helena niederläßt. Da naht auch Faust in Hofkleidung, den gefesselten Burgwart zur Seite. Nach mittelalterlicher Hofsitte begrüßt er Helena ehrfurchtsvoll als Gebieterin und stellt ihrer Entscheidung die Strafe des schuldbeladenen Wächters anheim, der ihre Ankunft nicht gemeldet hat. Sie aber, sich selbst anklagend, weil sie überall Verwirrung und Unheil anstifte, schenkt dem Schuldigen Leben und Freiheit. Faust überträgt nun seinen nordischen Helden den ritterlichen Schutz der Frauen und befiehlt ihnen, die Eroberung des Peloponnes zu vollenden.

Schattiger Hain

Faust versetzt sich und die Geliebte aus der Burg in die idyllische Umgebung arkadischer Lauben und Grotten. Als Frucht ihrer Verbindung entspringt leicht und schnell ein schöner Knabe, Euphorion, dem Mutterschoß. Er bekundet heftige Leidenschaftlichkeit, unruhiges, unbefriedigtes Streben ins Unbegrenzte und nach ungebundener Selbständigkeit, Kraft- und Willensenergie und genießerische Lust. Sein ungebärdiges Wesen, das die Zurufe der besorgten Eltern und des Chores vergeblich zu beschwichtigen suchen, reißt ihn von Gefahr zu Gefahr fort. Ein Flügelpaar entfaltet sich an seinen Schultern und trägt ihn einen Augenblick, wie einst Ikarus, durch die Lüfte; aber schnell hemmt der Tod den kühnen Flug, und entseelt stürzt der schöne Jüngling zu den Füßen der Eltern nieder.

Nach dem Tode Euphorions läßt der Dichter Helena und ihre Begleiterin Panthalis in den Hades zurückkehren. Ihr antikes Gewand bleibt in Fausts Händen zurück und trägt ihn als Wolke empor.

4. Akt

Hochgebirg

Aus der idealen Welt der Schönheit und Vergangenheit ist Faust wieder in die Wirklichkeit zurückversetzt worden. Eine große Veränderung ist in ihm vorgegangen. Er hat sich von der unruhigen Sehnsucht und leidenschaftlichen Begierde freigemacht und ist ein Mann der Tat geworden. Die Erinnerung an die Vergangenheit lebt in ihm fort. Sein Streben aber, nicht mehr ins Allgemeine gerichtet, bezweckt die Förderung menschlichen Glückes und Gemeinnutzes.

Er hat den Entschluß gefaßt, „das herrische Meer vom Ufer auszuschließen“; er verspricht sich von diesem praktischen, menschenbeglückenden Bemühen Genuß und Freude und betrachtet sein Vorhaben als gemeinnützig. Mephisto, bereit, die Pläne Fausts zu fördern, will als Mittel hierzu den sich nähernden Kriegstumult benutzen; der Dichter knüpft so an die Schilderung der Lage des Reiches und des Kaisers im ersten Akt an. Dieser hatte nämlich den ihm in die Hände gespielten Reichtum nur zur Befriedigung seiner Genußsucht verwendet und das Reich in Anarchie verfallen lassen. Bürger, Adel, Geistlichkeit, Zünfte, Ritter und Gemeinden standen sich feindlich gegenüber, Wege und Stege waren von Raubrittern umlagert. So wählten die Entschlossensten einen neuen Kaiser, von ihm Wiederherstellung des Friedens und des Rechtszustandes erhoffend. Dieser Gegenkaiser zieht nun gegen den alten, rechtmäßigen Herrscher heran, um eine entscheidende Schlacht zu wagen. Faust äußert sein Mitgefühl für den letzteren, und als sie beim Abstieg vom Hochgebirge sein im Tale aufgestelltes Heer überschauen, erklärt sich Mephisto bereit, diesem beizustehen, damit Faust dann vom siegreichen Kaiser den Meeresstrand als Lehen erhalte. Deshalb fordert er auch Faust auf, seiner Tatenlust entsprechend, den Oberbefehl über das Heer zu übernehmen. Der aber weigert sich, als der Sache unkundig: „Das wäre mir die rechte Höhe, da zu befehlen, wo ich nichts verstehe." Da zitiert Mephisto die drei Gewaltigen herbei, deren allegorische Natur durch ihre Namen (Raufebold, Habebald und Haltefest) sowie ihre Kleidung und Ausdrucksweise charakterisiert wird. Mit ihnen im Bunde will er nun dem alten Kaiser beistehen.

Auf dem Vorgebirg

Am unteren Abhang des Gebirges ist inzwischen das Zelt des Kaisers aufgeschlagen worden, und dieser selbst überschaut von dort aus, umgeben von seinen Trabanten, das Gelände, während ihm der Obergeneral die Aufstellung des Heeres erklärt. Das Heer des Gegenkaisers zieht heran. Der Kaiser bewaffnet sich, um in eigener Person an der Schlacht teilzunehmen. Der geharnischte Faust erscheint, begleitet von den drei Gewaltigen, und bietet ihm Hilfe an. Faust ordnet die drei Gewaltigen ab, Raufebold an den rechten Flügel, Habebald, dem sich die Marketenderin Eilebeute zugesellt, ins Mittelfeld und Haltefest zur linken Flanke. So nimmt die Schlacht ihren Anfang, in deren Verlauf sich allerlei bedenkliche gespenstige Erscheinungen zeigen, die auch vom Kaiser nicht unbemerkt bleiben und ihm über die Einwirkung magischer Kräfte keinen Zweifel lassen. Inzwischen hat sich der Kampf weiterentwickelt. Die linke Seite weicht, und Mephisto triumphiert schon, aber der rechte feindliche Flügel ist im Vorteil und droht, den Engpaß zu ersteigen, der zu den Höhen hinaufführt. Die Lage ist höchst bedenklich. Da kommen die beiden Raben Mephistos, von der Leichenwitterung angelockt, herbei. Schon ihr Anblick erfüllt ihren Herrn mit böser Vorahnung: „Ich fürchte gar, es geht uns schlecht." Der Kaiser und der Obergeneral zweifeln an einem günstigen Ausgang der Schlacht, der Führer gibt seinen Kommandostab zurück, zumal da sich der Kaiser mit den unheimlichen Fremdlingen nun doch erfolglos eingelassen hat. Da schickt Mephisto die beiden

Raben zu den Undinen des Bergsees und läßt die Wasserfräulein bitten, durch das Gaukelwerk einer Überschwemmung die feindlichen Scharen zu erschrecken. Die Undinen erfüllen sogleich Mephistos Wunsch, und von allen Seiten scheint ein mächtiger Wogenschwall ins Tal niederzurauschen und das Leben der Feinde zu bedrohen, weshalb sie ihr Heil in der Flucht suchen.

Des Gegenkaisers Zelt

Der Schluß dieser kriegerischen Szenen stellt die Plünderung des Zeltes und des Thrones des Gegenkaisers dar, zu deren Beraubung der Riese Habebald und die Marketenderin Eilebeute herbeistürzen. Ihnen folgt alsbald auch sieggekrönt der Kaiser selbst, in Begleitung der vier Fürsten, die er mit den hohen Reichsämtern eines Erzmarschalls, eines Erzkämmerers, eines Erztruchsesses und eines Erzschenken bekleidet. Darauf befiehlt er dem Erzbischof, die erforderlichen Beglaubigungsurkunden auszufertigen, wobei er ihn zugleich zum fünften Großwürdenträger des Reiches, zum Erzkanzler, bestellt, dann ihn und die übrigen mit erblichen Lehen und Privilegien beschenkt und ihnen als Kurfürsten das unbestreitbare Recht zuspricht, den Nachfolger in der Herrschaft zu wählen. Diese Gnadenbeweise nehmen alle mit dem Ausdruck des Dankes und der Ergebenheit entgegen. Aber der Kanzler glaubt sich als Geistlicher berufen, den Kaiser wegen seiner sündhaften Verbindung mit den Zauberern und ihren bösen Geistern zur Rede zu stellen, mit dem Zorn des Papstes zu drohen und zum Beweis der Reue als Buße die fromme Stiftung eines Domgebäudes an der Stelle, wo das kaiserliche Zelt gestanden hat, zu verlangen. Der Prälat dehnt die unverschämten Forderungen auch auf die Zehnten und Gefälle vom Meeresstrande des Reiches aus, die der Kaiser, wie wir hier erfahren, bereits Faust verliehen hat, und bedroht ihn mit dem Bann, wenn die Kirche nicht durch die Bewilligung der Forderungen versöhnt werde. Verdrossen entläßt der Kaiser den Zudringlichen, ohne sich festzulegen, was der Geistliche zu seinem Vorteil auslegt.

Offene Gegend

5. Akt

Auf einer Höhe vor der Küste des Meeres, in der Nähe einer alten Kapelle, hausen Philemon und Baucis. Schon seit langer Zeit haben sie den an die Küste geworfenen Schiffbrüchigen Beistand und Hilfe angedeihen lassen, indem sie die Umwohnenden durch das Läuten eines Glöckchens von der Not der Bedrängten in Kenntnis setzten. Ihrer Hütte nähert sich ein Wanderer, der vor vielen Jahren hier am Ufer gestrandet und mit seiner Habe von dem gastfreundlichen Paar aufgenommen worden war. Dankbar und freudig begrüßt er die beiden Alten, die er unvermutet noch am Leben findet. In der Strandzone aber ist zu seinem Erstaunen eine große Veränderung vor sich gegangen.

Philemon klärt den Überraschten darüber auf, aber beim einfachen Mahle im kleinen Gärtchen neben der Hütte verhehlt die fromme Baucis nicht ihre Bedenken. Bei der schnellen Ausführung der Anlagen, meint sie, sei es nicht mit rechten Dingen zugegangen. Der gottlose Fremde, dem der Kaiser den Meeresstrand verliehen habe, trage auch nach ihrem kleinen, friedlichen Besitztum Verlangen und habe ihnen dafür einen Tausch angeboten, den anzunehmen sie Philemon auch jetzt wieder dringend warnt. Philemon beschwichtigt sie, und vereint gehen alle drei zur Kapelle, um dort ein frommes Abendgebet zu verrichten.

Palast

Währenddessen wandelt Faust, hochbetagt, in dem weiten Garten seines in der Nähe liegenden Palastes, und Lynkeus verkündet als Turmwächter durchs Sprachrohr von seiner Warte herab die Ankunft der letzten Schiffe einer großen Flotte in dem von Faust geschaffenen Hafen. Fausts Freude wird aber durch den Laut des Glöckchens auf der Düne gestört, das ihn wieder an seinen immer noch unerfüllten Wunsch erinnert und ihn empfinden läßt, daß sein Wirken beschränkt ist. Verdrießlich empfängt er den landenden „großen Kahn", dem Mephisto und die drei gewaltigen Gesellen entsteigen. Mephistos Bericht läßt erkennen, daß die mitgebrachten Schätze keineswegs auf dem friedlichen Wege des Handels, sondern größtenteils durch Seeraub und Krieg zusammengebracht worden sind. Mit zwei Schiffen sind sie ausgefahren und zwanzig bringen sie zurück. Um so mehr sind sie enttäuscht, als ihnen jetzt nicht der erwartete Empfang und Lohn zuteil wird. Mephisto versucht, Faust durch einen Hinweis auf das Erreichte und Gelungene fröhlich zu stimmen. Der aber äußert nur seinen Verdruß über die Hartnäckigkeit und das Widerstreben der beiden Alten auf der Düne und gibt schließlich seine Einwilligung dazu, die beiden Alten aus ihrer Hütte auf das schöne Gut zu versetzen, das er ihnen schon mehrfach angeboten hat. Sogleich eilt Mephisto mit den drei Gewaltigen davon, um den Auftrag auszuführen.

Tiefe Nacht

Die Nacht ist hereingebrochen. Der Türmer Lynkeus singt einsam ein Wächterlied. Er bemerkt den Brand des Hüttchens auf der Düne und sieht, wie auch das Kapellchen „von der Äste Sturz und Last" zusammenbricht. Unzufrieden über Mephistos rasche Tat, tröstet sich Faust mit dem Gedanken, daß sich das alte Paar in der neuen ihm angewiesenen Wohnung bald bequem und behaglich fühlen werde. Da aber kehrt Mephisto mit seinen drei Helfershelfern zurück und berichtet den Tod der beiden Alten und des fremden Gastes, der, für sie streitend, gefallen ist. Entrüstet über die Mißdeutung seines Auftrages, flucht Faust den Mördern: „Tausch wollt ich, wollte keinen Raub!"

Mitternacht

Während Faust von dem Balkon seines Palastes nach der Brandstätte hinüberblickt, ist es ihm, als ob aus dem Rauch und Dunst des Aschenhaufens graue Schatten zu ihm herüberschwebten, vor denen er in das Innere seines Palastes zurückweicht. Vier gespenstige Weiber: Mangel, Schuld, Sorge und Not, nahen sich um Mitternacht seiner Schwelle. Da sie die Tür verschlossen finden, schleicht sich die Sorge durchs Schlüsselloch ein, während die drei anderen vorüberziehen, mit dumpfer, geisterhafter Stimme ihren Bruder, den Tod, ankündigend. Vergeblich versucht Faust, die zu ihm eingedrungene Sorge zu entfernen. Sie haucht ihn an, so daß er erblindet. Die ihn umgebende Finsternis lähmt ihn aber nicht, sondern steigert seine seelische Kraft.

Großer Vorhof des Palastes

Im Vorhof des Palastes erscheint als Aufseher der Arbeiter Mephisto, begleitet von einer Schar gespenstiger Lemuren, denen er bei Fackelschein befiehlt, ein Grab aufzuwerfen; Faust ist der Meinung, daß sie in seinem Auftrag tätig sind.

Er erneuert seine Befehle; denn er hat einen neuen Plan entworfen. Eine ausgedehnte sumpfige Niederung macht weite Striche des Landes unbewohnbar. Diesen Sumpf trocken zu legen, ist längst schon Fausts Wunsch gewesen; er sieht bereits im Geiste Wohlstand und Gedeihen überall da, wo jetzt noch Öde und Unfruchtbarkeit herrschen. Allzusehr auf sein Ziel bedacht, läßt er seiner Phantasie freien Lauf; die Zukunft entrollt sich vor ihm, ein Gesicht folgt auf das andere, und alle diese Visionen zeigen ihm die Ergebnisse seiner Bemühungen, seiner Arbeit, so daß er beglückt ausruft:

> „Im Vorgefühl von solchem hohen Glück
> Genieß' ich jetzt den höchsten Augenblick."

Dann sinkt er tot nieder, die Lemuren fangen ihn auf und vertrauen sein sterbliches Teil der Obhut der Mutter Erde an, die Faust stets so geliebt hat. Dem Buchstaben, dem Wortlaut nach hat Mephisto seine Wette gewonnen, während er sie in Wirklichkeit verloren hat. Anstatt Faust zu bezwingen, ist Mephisto von ihm bezwungen worden. Der Augenblick des höchsten Glückes ist nicht durch Mephistos Zutun, nicht durch Befriedigung der Sinnenlust herbeigeführt worden, sondern durch die Freude über die Segnungen, die Fausts Mitmenschen aus seiner uneigennützigen Tätigkeit zuteil werden. Wie wenig Mephisto aber ahnt, daß er seine Wette verloren hat, zeigen seine triumphierenden Worte: „Es ist vollbracht."

Grablegung

Mephisto ruft als Helfershelfer eine Schar Dick- und Dürrteufel herbei und läßt den greulichen Höllenrachen sich öffnen. Gleichzeitig aber nahen sich auch die himmlischen Heerscharen singender, Rosen streuender Engel. Umsonst feuert Mephisto seine Teufel an, ihnen standzuhalten. An ihrem feurigen Brodem haben sich die niederfallenden Liebesrosen entzündet und treiben die Dämonen in die Hölle zurück. Mephisto aber will nicht weichen, er schlägt sich mit den flatternden Rosen herum, die ihn bei jeder Berührung versengen und verbrennen. Schließlich erheben sich die Engel, retten Fausts Unsterbliches in die höheren Regionen und lassen Mephisto, enttäuscht und verzweifelnd, allein zurück.

Bergschluchten

In der Schlußszene versetzt uns der Dichter in eine ideale Örtlichkeit. Zwischen den Klüften und bewaldeten Felsen einer Einöde wohnen Einsiedler, die im Verein mit den heiligen Vätern im Gebet und in frommer Betrachtung die ewige Liebe preisen. Der auf- und abschwebende Pater Ecstaticus haucht seine heiße Sehnsucht nach dem Göttlichen im Gesang aus und fleht um Läuterung seines Wesens durch Schmerz und Qual.

Die Betrachtungen des Pater profundus haben die allmächtige Liebe zum Gegenstande, „die alles bildet, alles hegt".

Der Pater Seraphicus aber sieht ein Wölkchen heranschweben, dessen Inneres die Geister seliger, bald nach der irdischen Geburt verstorbener Knaben einschließt, deren zarte, unerfahrene Unschuld von ihm Belehrung über sich selbst begehrt und erhält.

Dieser seligen Kinderschar übergeben die Engel die zwar gerettete, aber noch nicht von allen irdischen Flecken gereinigte Seele Fausts. Von der höchsten, reinlichsten Zelle des Berges aus erschaut der Doctor Marianus die Himmelskönigin, umgeben von einem Chor heiliger Büßerinnen, und ruft sie fürbittend um Gnade und Verzeihung für die schwachen, leicht verführbaren Seelen an. Für Gretchens Seele aber, die auch unter den Büßenden einherschwebt, bitten Maria Magdalena, die Samariterin und die ägyptische Maria.

Mit den Bitten dieser drei heiligen Büßerinnen vereint auch Gretchens verklärte Seele die Bitte, daß es ihr vergönnt sein möge, den nun von allem Irdischen geläuterten Geist des Jugendgeliebten in die Seligkeit einzuführen. Ihr Flehen, dem die Himmelskönigin Gewährung schenkt, erinnert in seinem Anfang an ihr früheres Gebet vor dem Bilde der Mater dolorosa; die Erdennot hat sich jetzt aber in himmlisches Glück verwandelt.

Der Doctor Marianus preist die rettende Huld der Himmelskönigin und bittet um ihre Gnade, und der mystische Schlußchor feiert die Wunder des Himmelreichs, wo die von uns gesuchte und erstrebte Vollkommenheit Wirklichkeit wird und wohin uns nur Vergebung, Gnade und Liebe in ihrer reinsten, geistigsten Form, das Ewig-Weibliche, gelangen lassen:

„Alles Vergängliche
Ist nur ein Gleichnis;
Das Unzulängliche,
Hier wird's Ereignis;
Das Unbeschreibliche,
Hier ist's getan;
Das Ewig-Weibliche
Zieht uns hinan."

KURZE ERLÄUTERUNGEN ZU DEN WICHTIGSTEN SZENENGRUPPEN

Fausts Reinigung und Heilung

(Erster Akt: Anmutige Gegend)

Die Szene verdeutlicht Goethes Vertrauen in die heilenden Kräfte der Natur. Dem nach der Gretchen-Tragödie zusammengebrochenen Faust wird seine Schuld nicht vergeben, es wird ihm aber eine neue Frist, eine Gnadenfrist, gesetzt: Kein Versinken in leidvoller Reue und Untätigkeit, sondern nur neues Wirken kann ihm helfen, ihn retten. Dazu bedarf es der Besänftigung, des Vergessens und der seelischen Erneuerung. All das geschieht während des heilsamen Schlafs, vom Unbewußten her und wird vollzogen durch die Geister der Natur:

> Besänftiget des Herzens grimmen Strauß!
> Entfernt des Vorwurfs glühend-bittre Pfeile,
> Sein Innres reinigt von erlebtem Graus!

Nur ein dergestalt erneuerter Faust ist fähig, nachdem er die kleinbürgerliche Welt hinter sich gelassen hat, in die „große Welt" einzutreten. Die „große Welt": das ist zunächst die Welt der Politik, des Hofes, des Staates, des Herrschertums.

Faust am Kaiserhof

(Erster Akt: Kaiserliche Pfalz)

Faust begegnet zum erstenmal einem regierenden Herrscher und einem Staat. Er muß jedoch erleben, daß der Herrscher nicht in demokratischem Sinne dem Wohle des Volkes dient, sondern nur seinen eigenen egoistischen Interessen frönt. Es ist ein Herrscher, der sich amüsieren und der genießen will: daher die Idee des Karnevals. Das Geldbedürfnis dieses Herrschers und seines Staates wird mit unlauteren Mitteln befriedigt: Statt Güter zu produzieren, werden Güter verschwendet; eine Inflation wird inszeniert; man baut auf Trug anstatt auf Redlichkeit. Der vierte Akt von „Faust II" zeigt, wie dieser Staat, der auf derart unsoliden Grund gebaut ist, sich in Partei- und Bruderkämpfen selbst zerfleischt, wie Korruption und Gewinnsucht ihn lähmen, wie Interessenskämpfe streitender Kontrahenten ihn zerreißen. Dieser Staat ist ein „Mummenschanz", ein „fauler" Staat, ein

Staat im Verfall. Zu diesem Staat steht Fausts Vision vom wahren Staat, in dem er mit freiem Volk auf freiem Grunde stehen will, in diametralem Gegensatz. Mephisto freilich fühlt sich in solch einem faulen Staatsgebilde wohl und mischt tüchtig mit: er ist in seinem Element. Der Wunsch des Kaisers nach Vorführung der antiken Heldengestalten und Beschwörung des schönsten Weibes, der Helena, ist gleichfalls ein Akt der Vermessenheit, der sein lüsternes Verlangen nach ausgefallenen, exorbitanten Vergnügungen kennzeichnet. Für Faust aber bedeutet er den Weg zum Erlebnis der Schönheit.

Fausts Gang zu den Müttern

(Erster Akt: Finstere Galerie)

Wer sind die Mütter? Hierzu Goethe selbst am 10. Januar 1830 zu Eckermann: „Ich kann Ihnen weiter nichts verraten, als daß ich beim Plutarch gefunden, daß im griechischen Altertume von Müttern als Gottheiten die Rede gewesen. Dies ist alles, was ich der Überlieferung verdanke, das übrige ist meine eigene Erfindung."

Bei Goethe sind die Mütter die Schutzgöttinnen der Ur-Erscheinungen, der Urphänomene. Absolut und zeitlos wie diese sind, hausen die Mütter im zeit- und raumlosen mütterlichen Schoß der Natur: „Um sie kein Ort, noch weniger eine Zeit." Um in der „Gebilde losgebundne Reiche", platonisch gesprochen in das Reich der Ideen zu gelangen, muß Faust versinken – oder steigen: „ 's ist einerlei." Im raumlosen Reiche der Mütter, im „Unbetretenen, nicht zu Betretenden", ist beides im Grunde dasselbe. Er bedarf nur der Magie der Weisen:

> Denn wer den Schatz, das Schöne, heben will,
> Bedarf der höchsten Kunst: Magie der Weisen.

Das Erscheinen der Helena

(Erster Akt: Rittersaal)

Helena, die Faust, dem Verlangen des Kaisers entsprechend, aus dem Reich der Mütter herausführt und der Hofgesellschaft vorstellt, ist bei Goethe mehr als nur die leibliche Erscheinung der schönen Griechenfürstin. sie ist das Urbild der Schönheit selbst, das Schöne schlechthin. Die Hofgesellschaft sieht freilich nur die äußere Bildung der schönen

Gestalt, läßt sich von der sinnlichen Erscheinung beeindrucken; Faust aber sieht das Wesen, erahnt die Idee der reinen Schönheit:

> Du bist's, der ich die Regung aller Kraft,
> Den Inbegriff der Leidenschaft,
> Dir Neigung, Lieb, Anbetung, Wahnsinn zolle!

„Der Eros zu Helena ist der geistige Eros des auf die Idee der Schönheit gerichteten Menschen, der keine Ruhe mehr zu finden vermag, solange nicht das bei den Müttern geschaute Urbild sich seinem Wesen auf ewig vermählt" (B. v. Wiese). Faust will Helena halten:

> So fern sie war, wie kann sie näher sein!
> Ich rette sie, und sie ist doppelt mein.
> Gewagt! Ihr Mütter! Mütter! müßt's gewähren!
> Wer sie erkannt, der darf sie nicht entbehren.

Aber die Erscheinung, die nur Urbild ist, Idee der reinen Schönheit, kann nicht in der gemeinen Welt der Wirklichkeit, im Diesseitigen verbleiben; sie muß wieder, „des Irdischen entkleidet", zurück in die Transzendenz, „in die heiteren Regionen, wo die reinen Formen wohnen", wo „in der Vollendung Strahlen, frei von allen Erdenmalen, schwebt der Menschheit Götterbild". Sie muß wieder zurück „in die Sphäre der Schönheit": Als Faust nach der Scheingestalt der Helena greift, trübt sie sich und verflüchtigt sich. Faust liegt am Boden; aber die Sehnsucht nach Helena bleibt und die Suche nach ihr bestimmt bis zum dritten Akt der Dichtung nunmehr den Gang der Handlung.

Homunkulus

(Zweiter Akt: Laboratorium)

„Wer könnte Faust, wenn er zu Helena, der Spartanerfürstin und Gattin des Menelaos, der vollkommensten irdischen Widerspiegelung des Urbilds der Schönheit, in die Unterwelt hinabsteigen will, den Weg weisen? Kein Sterblicher ... Ein Drama, das einen rein christlichen Mythos darstellte, würde einen Engel erscheinen lassen. Goethe erfindet, um in der magischen Sphäre zu bleiben und anknüpfend an alte Rezepte über die alchimistische Erschaffung eines künstlichen Menschleins bei Paracelsus, den Homunkulus, den Fausts alter Famulus Wagner, inzwischen selbst erfahrener Alchimist, soeben in einer Retorte erschaffen hat. Unter seiner Führung fliegen Faust und Mephisto auf dem Zaubermantel nach Thessalien." (Ernst Beutler)

Homunkulus ist eine Art Geistwesen, Idee und Entelechie zugleich; er ist körperlos, vernunftbegabt, schönheitsdurstig, aktiv, entstehungswillig und wandlungsfähig. Das „chymische Menschlein", der von Metamorphose und Eros bestimmte Dämon Homunkulus ist das Bindeglied zwischen der düsteren nordischen Nebel- und Geisterwelt und der sinnlichen hellen Welt der Antike.

Klassische Walpurgisnacht

(Zweiter Akt: Pharsalische Felder bis Felsbuchten des Ägäischen Meeres)

Die klassische Walpurgisnacht des zweiten Teils der Faust-Tragödie ist das Gegenstück zur nordisch-deutschen Walpurgisnacht, die Goethe im „Harzgebirg, in der Gegend von Schierke und Elend" stattfinden läßt. Sie ist ungleich anschauungsgesättigter, poesievoller, beziehungsreicher, von Einfällen und Phantasien überquellender als diese, ein herrliches Melodram, dessen Metrik, Sprache und Melodie von einer überwältigenden Vielgestaltigkeit sind. Goethe bevölkert die mythologische Landschaft Thessaliens und die Gestade und Gewässer des Ägäischen Meeres mit einer kaum zu übersehenden Fülle von Fabelwesen aller Arten, höheren und niederen Gottheiten, griechischen Naturphilosophen. Der Beziehungsreichtum ihrer Äußerungen, Lieder und Gesänge ist kaum auszuschöpfen. Goethes Griechenlandsehnsucht und sein immenses Wissen über die Antike schlechthin sind in der „Klassischen Walpurgisnacht" Gestalt geworden.

„Die Klassische Walpurgisnacht muß von ihrer Idee her biologisch-natürliche, historisch-gesellschaftliche und kunstgenetisch-ästhetische Partien haben, die aber wiederum im Symbol und im Symbolzusammenhang geschaut werden, gemäß der Auffassung Goethes von der Verwurzelung des Geschichtlichen und Schönen im Natürlichen. Sie entwirft ein Bild der Natur, in dem sich diese unter den Kategorien der Polarität und der Steigerung offenbart. Sie zeigt die ewigen, unzerstörbaren Naturgesetze wie auch das sich ständig Wandelnde, Metamorphosenhafte . . . Die drei Hellasfahrer gehen getrennte Wege durch die Klassische Walpurgisnacht.

1. Fausts Weg führt in den Hades, aus dem er Helena von Persephone losbitten soll. Er wird vertraut gemacht mit Helenas antiker Lebenswelt, die in die Welt des Naturhaften eingebettet ist.

2. Mephisto irrt ziellos durch die Nacht, bis er durch die Identifikation mit den Phorkyaden der Vertreter des Häßlichen und des Chaos wird.

3. Homunkulus als rein-geistige Entelechie sucht die Verwirklichung im naturhaften Sein. Er vertraut sich den Geistern der Natur (Nereus, Proteus) und dem Vertreter der neptunistischen Philosophie (Thales) an und findet die Möglichkeit des Entstehens schließlich im Eingehen in die elementare Natur, deren Eros auch ihn ergreift." (Helmut Kobligk)

In der Klassischen Walpurgisnacht tritt die Faust-Handlung zurück; eine wichtigere Rolle als Faust spielen Mephisto und Homunkulus. Mephisto, dem die nordischen Hexen lieber sind als die griechischen Geisterwesen, muß, will er in dieser Welt bestehen und wirken, sich in die Gestalt einer Phorkyade verwandeln: er legt sich die Attribute der Häßlichkeit zu und erscheint fortan als „des Chaos vielgeliebter Sohn". Angesichts der vollendeten Schönheit, der er in der Gestalt Helenas begegnen wird, muß er als vollendete Häßlichkeit erscheinen. Homunkulus dagegen zerschellt unter wundervollem Tönen und Leuchten feuerglänzend am Muschelwagen der schönen Galatee, der schaumgeborenen Aphrodite, der Liebesgöttin. Er geht in die Natur ein, Feuer und Wasser, die Urelemente vereinen sich, aus der Selbstauflösung entsteht jedoch neues Leben.

Großartig ist der Schluß der Klassischen Walpurgisnacht („Felsbuchten des Ägäischen Meeres"), der als Opernlibretto gestaltet ist. „Der Abschluß der Klassischen Walpurgisnacht, in den das Erscheinen der Liebesgöttin Galatee und das ‚Stirb und Werde' des Homunkulus als Höhepunkt hineingenommen ist, ist eine großartige Huldigung an die Gottheiten der Natur, an Sonne, Mond und Meer und vor allem an die Göttin der Liebe und an Eros. In Hymnen von höchstem sprachlichem Glanz werden die Himmlischen gerühmt, wird ihnen in kultischen Aufzügen gehuldigt. Es ist Goethes Ehrfurcht vor der Natur – einer Natur jenseits von Gut und Böse –, die sich hier ausspricht und die der Dichter in solch großer weihevoller Feier zur Geltung gebracht hat." (Ernst Beutler)

Heil dem Meere! Heil den Wogen,
Von dem heiligen Feuer umzogen!
Heil dem Wasser! Heil dem Feuer!
Heil dem seltnen Abenteuer!

Heil den mildgewognen Lüften!
Heil geheimnisreichen Grüften!
Hochgefeiert seid allhier,
Element ihr alle vier!

Helena

(Dritter Akt: Vor dem Palast / Innerer Burghof)

Goethe wollte eine Szene schreiben, in der Faust durch die Tempelhöhle der Sibylle Manto (der Sage nach war sie, die Tochter des Sehers Teiresias, eine Priesterin und Seherin im Tempel Apollos) in die Unterwelt eindringen und Helena von Pluto und Persephone losbitten sollte. (Vergleiche die Sage von Orpheus und Eurydike.) Goethe hat diese Szene nicht geschrieben. Im dritten Akt finden wir Helena vor ihrem Palast in Sparta; die Szene spielt nach Beendigung des Trojanischen Krieges. Die Vereinigung Fausts mit Helena, seine Ehe mit ihr (nachdem sie sich ihrem rechtmäßigen Gatten Menelaos erneut entzogen hat), ihr Aufenthalt mit Faust in einer mittelalterlichen Burg gotischen Stils (wohin Mephisto sie entführt hat), versinnbildlichen die Verbindung zweier Räume und Reiche, Deutschlands und Griechenlands, zweier Zeitepochen, des Mittelalters und der Antike, zweier Stilepochen, der Romantik und Klassik. Faust hat das ewige, zeitlose Urbild der Schönheit in seine mittelalterlich-deutsche Welt hineingezogen. Deutscher, germanischer Geist hat sich mit dem Geist der Antike vermählt. Der Sehnsuchtstraum Goethes wie ungezählter Griechenlandfahrer (und Italienfahrer) vor und nach ihm ist damit in Erfüllung gegangen. Dies ist der Sinn des Helena-Aktes, der ganz im Stil einer griechischen Tragödie, in jambischen Trimetern geschrieben ist.

Noch ein weiteres Moment ist zu berücksichtigen: „Es handelt sich in dem ganzen Drama um Fausts Bewährung vor Gott, und es war für die klassische Zeit Goethes und Schillers Überzeugung, daß nur und vor allem durch die Schönheit der Mensch sittlich vollkommen werden könne. Der Engländer Shaftesbury (gestorben 1713) hatte es verkündet: Das höchste Schöne und das tiefste Ethische sind identisch. Winkelmann hat diesen Glauben nach Deutschland übertragen. Schiller hat ihn in seinen ‚Briefen über die ästhetische Erziehung des Menschen' (23. Brief) ausgesprochen: ‚Es gibt keinen andern Weg, den sinnlichen Menschen vernünftig zu machen, als daß man denselben zuvor ästhetisch macht ... Nur aus dem ästhetischen, nicht aber aus dem physischen Zustand kann sich der moralische entwickeln.' Darum – sollte Faust die satanische Welt Mephistos überwinden –, so mußte er durch den läuternden Bereich der Schönheit gehen wie die verlorene Seele durch das läuternde Feuer ..." (Ernst Beutler)

Wo aber das Gute als Schönheit erscheint, muß das Böse als vollendete Häßlichkeit auftreten. Die Antithese Gut gleich Schön und Böse gleich Häßlich ist in der Gegenüberstellung von Helena und Mephisto zum Ausdruck gebracht, der deswegen hier nicht in seiner eigenen Gestalt, sondern in der Gestalt der häßlichen Phorkyas in die Handlung eingreift. Als Gegenspieler Helenas will Mephisto-Phorkyas das an sich Schöne entwerten, kann es aber als ein in-sich-beruhendes und Faust beseligendes Element nicht zerstören.

Euphorion

(Dritter Akt: Schattiger Hain in Arkadien)

„Das Glück Arkadiens (das Liebesidyll Fausts und Helenas in der gottbegnadeten Landschaft im Herzen des Peloponnes, der Landschaft des Goldenen Zeitalters der Antike, ‚wo Natur im reinsten Kreise waltet') ist im eigentlichen Sinne Götter-Glück, das heißt Vergötterung des Menschen durch die Schönheit, die als Göttliches zum Menschen herabgestiegen ist, um den Menschen zum Gott zu erheben. Hier vollzieht sich die mythische Geburt des Euphorion, die zugleich die tragische Peripetie bedeutet.“ (B. v. Wiese)

Euphorion, das Kind, das der Vermählung Fausts und Helenas, der Vermählung des nordischen mit dem antiken Geist entsprungen ist, ist ein Knabe von wunderbar frühreifer Art: „nackt, ein Genius ohne Flügel, faunenartig ohne Tierheit schnellt (er) zu der luftgen Höhe, rührt er an das Hochgewölb“. Musik begleitet sein Erscheinen und Auftreten, als er, „in der Hand die goldne Leier, völlig wie ein kleiner Phöbus“, seinen Eltern entgegentritt. Diese sind beglückt, als er „von dem Vater zu der Mutter springt, das Gekose, das Getändel, töriger Liebe Neckereien, Scherzgeschrei und Lustgejauchze“. Aber zugleich erschrecken sie zutiefst: denn Euphorion kann nicht maßhalten. Flügel wachsen ihm, er schwingt sich himmelwärts und stürzt dann, ein zweiter Ikarus, seinen Eltern tot zu Füßen. Das Körperliche entschwindet, und das Geistige verflüchtet sich himmelwärts; Helena folgt ihm nach, weil die Schönheit an die dem Tod vermählte Poesie (die Euphorion verkörpert) gebunden ist. Fausts Traum vom dauernden Besitz der Schönheit und von der aus seiner Vermählung mit ihr entsprungenen beseligenden, heiteren, hochfliegenden Poesie ist ausgeträumt: Nur Kleid und Schleier Helenas, nur die „Exuvien“ der Schönheit und Poesie, die sinnlich irdische Erscheinungsform des ins Übersinnliche Entschwundenen, bleiben in seinen Händen zurück.

Aber selbst diese lösen sich alsbald in Wolken auf: Glück und Schönheit lassen sich nicht dauerhaft vereinen.

Es ist bekannt, daß die auf Euphorion bezogenen Worte der Bühnenanweisung „Man glaubt in dem Toten eine bekannte Gestalt zu erblicken“ auf den englischen Dichter Lord Byron hindeuten, den Goethe zutiefst verehrte und der am 19. April 1824 vor Missolunghi im Kampf für die Befreiung Griechenlands starb. Den rastlosen, überschwenglichen Euphorion als Allegorie der Poesie schien ihm am besten Byron zu personifizieren. Zu Eckermann sagte Goethe am 5. Juli 1827: „Ich konnte als Repräsentanten der neuesten poetischen Zeit niemanden gebrauchen als Lord Byron, der ohne Frage als das größte Talent des Jahrhunderts anzusehen ist. Auch paßte er übrigens ganz wegen seines unbefriedigten Naturells und seiner kriegerischen Tendenz, woran er in Missolunghi zugrunde ging.“

Faust im Dienste des Kaisers – Fausts Belehnung mit Reichsstrand

(Vierter Akt)

Der vierte Akt knüpft an den ersten Akt an: Da der Staat des Kaisers immer weiter in Verfall geriet, die Korruption immer weiter fortschritt, haben Unzufriedene einen Gegenkaiser gewählt, der Ordnung im Reiche schaffen soll. Faust aber stellt sich dem Kaiser zu Verfügung, in der Hoffnung, nach einem Sieg desselben mit „des Reiches Strand“ belehnt zu werden, einem Gebiet, auf dem sich Faust ein erträumtes Reich der Freiheit für sich und für die Gemeinschaft seiner Mitmenschen errichten will.

Mag sein, daß der Kaiser eine Wandlung durchgemacht hat, daß er ein Faktor der Ordnung sein will, sich von dem bisherigen Genußleben distanziert, durch reine Überlegenheit – sogar im persönlichen Zweikampf – den Gegenkaiser besiegen will: Nichtsdestoweniger vertraut er sich Faust und Mephisto an, überläßt diesem das Weiterkämpfen. Der Gegenkaiser wird besiegt; aber der Staat des Kaisers bleibt weiter ein Staat der Korruption. Die Ich-Sucht der vier weltlichen und des geistlichen Fürsten (Erzmarschall, Erzkämmerer, Erztruchseß, Erzschenk und Erzbischof-Erzkanzler) sucht sich mit Staatsgebieten und Pfründen zu bereichern, der Kaiser muß sein Reich stückweise „verschreiben“; auch Faust scheut sich nicht, sich von einem durch die Plünderung des gegenkaiserlichen Heeresschatzes durch Mephistos skrupellose Gewaltige Raufebold, Habebald, Haltefest und die Marketenderin Eilebeute entwürdigten Staat mit Land belehnen zu lassen.

Philemon und Baucis

(Fünfter Akt: Offne Gegend / Palast)

Als Herrscher und Gebieter über eigenes Land, über ein unermeßlich weites Küstengebiet steht Faust zu Beginn des fünften Aktes vor uns. Gewaltiges hat er geleistet. Er überschaut sein Reich. Eine kleine Hütte eines hochbetagten Ehepaares stört ihn noch. Er befiehlt, das alte Ehepaar umzusiedeln, aber Mephisto übergibt die Hütte und ihre Bewohner den Flammen.

„Mein Philemon und Baucis“, sagte Goethe am 6. Juni 1831 zu Eckermann, „hat mit jenem berühmten Paare des Altertums nichts zu tun. Ich gab meinem Paare bloß jene Namen, um die Charaktere dadurch zu heben. Es sind ähnliche Personen und ähnliche Verhältnisse, und da wirken denn die ähnlichen Namen durchaus günstig. . .“

„Wir redeten dann über den Faust“, fährt Eckermann fort, „den das Erbteil seines Charakters, die Unzufriedenheit, auch im Alter nicht verlassen hat und den, bei allen Schätzen der Welt und in einem selbstgeschaffenen neuen Reiche, ein paar Linden, eine Hütte und ein Glöckchen genieren, die nicht sein sind. Er ist darin dem israelitischen König Ahab nicht unähnlich, der nichts zu besitzen wähnte, wenn er nicht auch den Weinberg Naboths hätte.“

Damit ist von Goethe – so Ernst Beutler – klar ausgesprochen, daß das Unrecht und die Schuld für die Katastrophe der beiden Alten allein bei Faust zu suchen ist; jede andere Deutung ist abwegig. Goethe hätte, als er beispielshalber auf den Konflikt zwischen Ahab und Naboth hinwies, auch auf den zeitlich näher liegenden Fall des Müllers von Sanssouci hinweisen können, der im Sinne der Gerechtigkeit und nicht durch den egoistischen Machtspruch einer Herrscherwillkür entschieden wurde.

Faust und die Sorge

(Fünfter Akt: Mitternacht)

Nach dem Mord an den beiden Alten, an dem Ehepaar Philemon und Baucis, dringen vier graue Weiber auf Faust ein: Mangel, Schuld, Not und Sorge. Man hat lange daran herumgerätselt, weshalb die

Schuld Faust nichts anhaben kann, obwohl er doch immer wieder schwerste Schuld auf sich geladen hat, zuletzt erst durch das Vergehen an Philemon und Baucis. Aber es ist doch wohl so, daß Mangel, Not und Schuld (im Sinne von Schulden) auf äußere, vitale Lebensinteressen bezogen sind, die Sorge dagegen als einzige Macht, die das Innere, das Seelische des Menschen bedroht, zu verstehen ist. Unter ihrem Anhauch erblindet Faust, das heißt, sie wirft ihn nun vollends in seine Innerlichkeit zurück, entzündet aber auch gleichzeitig in ihm das „helle Licht" der Erkenntnis, das Licht des ewig tätigen Geistes, der nun von aller Körperlichkeit befreit nur noch wirkende Kraft ist.

Fausts Tod

(Fünfter Akt: Großer Vorhof des Palasts)

Faust ist des Augenlichts beraubt. Aber er glaubt zu sehen, was er sich vorstellt. „Höchst bedenklich ist allerdings die Brutalität, zu der er seinen ohnehin teuflischen Aufseher Mephisto nun ermuntert, der ihm für die ungeduldig erwartete Realisierung der phantastischen Projekte die notwendigen Arbeitskräfte erzwingen muß. Faust war dem ‚Faulbett' nie so fern wie jetzt, doch kann Mephisto den für die Praxis seines Handelns Blinden nun leicht ‚schmeichelnd belügen' und mit vorgestelltem ‚Genuß betrügen', wenn er Faust in dem selbstgefälligen Glauben läßt: ‚Es ist die Menge, die mir frönet.'" (Friedrich/Scheithauer)

In Wirklichkeit schaufeln die Lemuren sein Grab. Mephisto hat also die Wette nicht völlig verloren. Aber Faust meint mit seinem „Verweile doch, du bist so schön!" nicht den gegenwärtigen Augenblick, sondern den Augenblick des Vorgefühls künftigen Glücks.

„Das Verweilen erhofft Faust nicht als Stillstehen im gewöhnlichen Sinn. Was dem Durchschnittsmenschen als Unglück erscheint, was Faust einst als einen Fluch empfand und wovon er erlöst sein wollte, dieses ewige Unbefriedigtsein, gerade das hat er jetzt bejaht. Faust sieht den ewigen Zirkel, den Teufelskreis der Dialektik nicht mehr negativ in seiner Ausweglosigkeit, sondern er durchschaut die Zwangsläufigkeit dieses Zirkels bis auf die aller Natur notwendig innewohnende positive Möglichkeit: er erschaut mit geistigem Auge die Idee der Steigerung. Aus dem tragischen Teufelskreis wird durch die neue Optik eine optimistische Spirale strebenden Aufstiegs, eine beglückende Zukunftsvision. Faust hat sich durch die Einsicht in die Notwendigkeit schöpferischer Unruhe innerlich vom Teufel befreit. Er glaubt und hofft wieder, und zwar auf die Gültigkeit seiner persönlichen Leistung in der Bewährung seines Lebenswerkes. Er ist in diesem Sinne bereits erlöst." (Friedrich/Scheithauer)

Eine andere Deutung des Endes Fausts gibt Benno von Wiese: „Der im Vorgefühl genossene höchste Augenblick ist nach Mephistos Worten der ‚letzte, schlechte, leere Augenblick', der nur subjektiv höchste Erfüllung bedeutet, zugleich aber auch das tragische Verfallensein des Menschen an die Illusion grell beleuchtet. Es wäre besser, hier nicht länger von Humanität und Vervollkommnung und Entwicklung zu sprechen, sondern sich das ganze erhöhte Ausmaß der tragischen Menschenlage zu vergegenwärtigen, in die noch und gerade der alte, vom Tode überraschte Faust gestellt ist, immer noch ein Gottesknecht, aber auch immer noch vom dunklen Drang geleitet und in das Dämonische verstrickt, vollkommenes und unvollkommenes Wesen zugleich, dem Irren preisgegeben und in den Widerspruch des Daseins hineingestellt, tragischer Diener des Herrn. Noch in die Transzendenz hinein tragen die vollendeten Engel den ‚Erdenrest', die ‚geeinte Zwienatur', also beide Seiten des Faustischen Widerspruchs. Solche Vereinigung aber von Erdhaftem und Himmlischem, von Bösem und Gutem, von Irrtum und Wahrheit, von Bedingtem und Unbedingtem, von Lebensverzweiflung und Lebensglauben, von Illusion und Wirklichkeitssteigerung, wie sie von Fausts mächtiger Monade gelebt und zur besonderen Eigentümlichkeit seines Wesens wurde, ist tragische Existenz schlechthin. Gerade das bezeichnet die tragische Lage des zum unbedingt Göttlichen strebenden Menschen in der irdischen Welt, daß er mit jedem Schritt näher auf Gott hin auch zugleich tiefer in die luziferische Einsamkeit seines im Irdischen konzentrierten Daseins hineingerät und daß er nicht nur das glücklichste und das unglücklichste, das vollkommenste und das unvollkommenste Wesen ist, sondern daß seine Vollkommenheit das Leiden an der Unvollkommenheit einschließt, das Glück der Gottnähe mit dem verzweifelnden, gerade in der Gottnähe aufbrechenden Wissen um die Gottferne bezahlt werden muß. Nicht eine Entwicklung ist es, die Faust durchmacht, sondern konzentrisch umeinander gelagerte Kreise sind es, die er durchschreitet, bei jedem Durchschreiten der Weltzonen dem göttlichen Mittelpunkt der Welt zugleich näher und ferner, zu sich selber verurteiltes Wesen, das dennoch auf eine unbegreifliche Weise erfahren darf, wie das von ihm aktiv durchlebte Disparatwerden der

Gegensätze zugleich ihre mystische Einigung wird, die Gottes Antwort auf die tragische Menschenbedrohung ist."

Fausts Himmelfahrt

(Fünfter Akt: Bergschluchten)

An dieser Stelle seien zwei Deutungen der wundervollen, in der deutschen Dichtung einzig dastehenden Schlußszene des „Faust II" wiedergegeben.

Helmut Kobligk führt aus: „Die Liebe, die hinanzieht, ist das innerste Prinzip der göttlichen Natur, gewiß aber nicht göttliche Liebe im christlichen Sinne. ‚Liebe ist eine schrittweise Umformung, Bändigung, Reinigung, Heiligung und Erhöhung der Naturkräfte' (Emrich). Die Wirkung der Liebe ist das Ausscheiden des Materiellen, die Vergeistigung der Natur, die sich in Fausts Postexistenz exemplarisch vollzieht. Die Liebe macht das eigentliche Wesen der Natur, Geist, Gott zu sein, in der Steigerung und allmählichen Ablösung des Elementaren approximativ offenbar. Insofern unterstützt sie das strebende Bemühen der Entelechie Fausts, die auch von sich aus als eine bedeutende Entelechie nach Erhöhung, Vergeistigung, Reinigung vom Elementaren, nach Entmaterialisierung strebt. In dieser Entelechie kommt die Liebe des Natur-Wesens ganz und ‚gar' zur Wirkung und ermöglicht somit die Erlösung Fausts.

Daß diese Erlösung nichts mit einem Gnadenakt Gottes im christlichen Sinne zu tun hat, dürfte dabei klargeworden sein. Erlösung ist ein Akt der Natur, den diese an sich selbst und am Menschen als einem Teil ihrer selbst vollzieht. ‚Eine Umartung' von Leib und Seele, das ist der Erlösungsprozeß Fausts, nicht eine Bekehrung oder ein total die Natur verwerfender und erneuernder religiös transzendenter Umwandlungsprozeß' (Emrich). Daß der Schluß des Faust-Dramas eine Interpretation im Sinne des Christentums oder gar des Katholizismus nicht erlaubt, darüber ist sich die moderne Faust-Forschung weitgehend einig. Der Himmel des Epilogs ist so wenig christlicher Himmel, wie die Erlösung Fausts eine Erlösung im Sinne der christlichen Religion ist. Daß eine christliche Interpretation nicht am Platze ist, geht aus Andeutungen Goethes selbst hervor. In dem Gespräch mit Eckermann am 6. Juni 1831 sagt der Dichter zum Schluß des Faust, es stehe die Idee von der immer reineren Tätigkeit Fausts und der von oben zu Hilfe kommenden ewigen Liebe ‚mit unserer religiösen Vorstellung durchaus in Harmonie'. Von einem christlichen Charakter des Epilogs ist also nicht die Rede, nur von einer Harmonie mit den Vorstellungen des Christentums. Goethe fährt dann fort: ,Übrigens werden Sie zugeben, daß der Schluß, wo es mit der geretteten Seele nach oben geht, sehr schwer zu machen war, und daß ich bei so übersinnlichen, kaum zu ahnenden Dingen mich sehr leicht im Vagen hätte verlieren können, wenn ich nicht meinen poetischen Intentionen durch die scharf umrissenen christlich-kirchlichen Figuren und Vorstellungen eine wohltätig beschränkende Form und Festigkeit gegeben hätte.'

Die christliche Szenerie bot sich also Goethe als geeignetes Milieu zur Darstellung seiner Gedanken an. Die Welt des Christentums war eine der Bildungswelten des Dichters, die ihm vertraut war und mit der er sich zeit seines Lebens beschäftigt hat. Sie war aber eben nur eine der geistigen Welten, die ihm die Tradition und sein Zeitalter entgegengebracht haben und die er in den Reichtum seines Lebens und seiner Dichtung hineingezogen hat. Insofern ist die Sphäre der Patriarchen, der Büßerinnen und der Himmelskönigin und die Erlösung Fausts nur ein Gleichnis, nicht mehr."

Eine sehr schöne, in Geist und Poesie der Schlußszene sich außerordentlich verständnisvoll einfühlende Darstellung gibt Ernst Beutler: „Wie in Beethovens 9. Symphonie zum Schluß die reine Orchestermusik sich zu einem jubelnden Hymnus steigert, so findet die Fausttragödie ihre Krönung in der überwältigenden Hymnik der Schlußszene. Schon die ersten Worte lassen uns fühlen, daß wir hier schwebend den Boden der Erde verlassen, am Waldgebirge vorbei nach oben steigend: (Wer jemals im Hochgebirge in einer Seil- oder Sesselbahn über Wälder und Schluchten emporschwebte, wird folgende Verse verstehen.)

> Waldung, sie schwankt heran,
> Felsen sie lasten dran,
> Wurzeln sie klammern an,
> Stamm dicht an Stamm hinan.

Die Berge und Meere weichen zurück. Wir selbst sind gleichsam mit hineingenommen in jene Bewegung des Chors der Engel, mit deren Gesang die Szene einsetzt und geheimnisvoll als Chorus mysticus schließt. Fausts Unsterbliches tragen sie nach oben. Es ist christliche Landschaft schlechthin, an der vorbei der Aufstieg erfolgt, die Felsengebirge der Thebais in Ägypten, berühmt aus der frühchristlichen Geschichte, da sich hier die ersten Einsiedler (Anachoreten) zu frommem, abgewandtem Leben niederließen. Die Szenerie entspricht treu der Darstellung Orcagnas: Gli Anacoreti nella Tebaide. Felsgebirge türmen sich hier auf, in deren Höhlen, stufenweise übereinander, die Eremiten ihrer Andacht leben. Löwen liegen ihnen zu Füßen, wie wir es vom Hieronymus wissen.

Die heiligen Väter offenbaren verschiedene Stadien der Frömmigkeit. Der Pater ecstaticus ist der Gläubige, der in dem schmerzvollen Opfer des eigenen Selbst die Läuterung erfährt; wenn es von ihm heißt ‚auf und abschwebend', so ist damit ausgedrückt, daß dieses Erlebnis für alle Gläubigen Geltung hat, gleich ob sie im Anfang des Glaubens oder schon in der Vollendung stehen. Obwohl Pater profundus ein Beiname des Bernhard von Clairveaux, Pater seraphicus ein Beiname des heiligen Franziskus von Assisi ist, hat Goethe hier keineswegs an bestimmte Persönlichkeiten der christlichen Kirche gedacht. Die Beinamen sollen verschiedene Zustände des religiösen Erlebnisses andeuten. Der Pater profundus ringt im Glauben um die Erkenntnis, daß auch Verheerung und Zerstörung nur Liebesboten Gottes sind.

Dieser Pater profundus, d. h. tief im Glauben, aber noch nicht vollendet, ruft wirklich de profundis, aus der Tiefe (tiefe Region, sagt Goethe) nach oben um Offenbarung. Der Pater seraphicus, den Seraphim näher (mittlere Region, sagt Goethe), hat dieses Wissen schon in seinen Glauben fest aufgenommen, und so ist er in der Lage, es anderen mitzuteilen, sofern sie lernen, mit seinen Augen Leben und Welt zu schauen. Dafür steht der Chor der seligen Knaben; sie starben nach der Geburt und sind glücklich, und das Dasein ist ihnen so gelind, weil ihnen die Schwere des Erdenlebens erspart blieb. Nun, da sie in den Pater seraphicus eingehen und die Welt durch dessen Augen schauen – erschrecken sie zunächst über den Anblick der Welt und können sie kaum ertragen:

> . . . zu düster ist der Ort,
> Schüttelt uns mit Schreck und Grauen.
> Edler, Guter, laß uns fort!

Es geht hier wie beim Pater profundus um die uralte und schwerste Frage: wie ist das Grauen dieser Welt mit der göttlichen Liebe vereinbar?

Die seligen Knaben, zunächst nur selig, weil lebensunerfahren, werden, je mehr sie im Glauben Gott in sich aufnehmen, durch ‚Gottes Gegenwart verstärkt' erfahren, daß auch der düstere Ort der Welt durchpulst ist von ‚ewigen Liebens Offenbarung'. Es ist dies reines Glaubenserlebnis. Ihm hingegeben steigt der Chor empor, kreist freudig um die höchsten Gipfel und bekennt:

Göttlich belehret
Dürft ihr vertrauen.

Über dem Chor der seligen Knaben schwebt der Chor der Engel. Er teilt sich in eine jüngere und eine vollendetere Gruppe, deren Gesänge einander antworten, nachdem zunächst derjenige Engel – oder ist es auch eine Gruppe? –, der Fausts Unsterbliches trägt, jene Worte verkündet hat, die von Goethe Eckermann gegenüber als der Schlüssel zur Faustdichtung bezeichnet worden sind:

Gerettet ist das edle Glied
Der Geisterwelt vom Bösen:
‚Wer immer strebend sich bemüht,
Den können wir erlösen.'
Und hat an ihm die Liebe gar
Von oben teilgenommen,
Begegnet ihm die selige Schar
Mit herzlichem Willkommen.

Dieses sich strebend Bemühen als das Wesentliche einer jeden Existenz, der irdischen ebensosehr wie der himmlisch-frommen, gilt nun nicht nur für Fausts Lebensschicksal, wie es sich in der Dichtung vor uns abgerollt hat, sondern ist nicht zum wenigsten auch Inhalt gerade dieser letzten Szene der Tragödie; und zwar ist dieses Bemühen hier, zwischen Erde und Himmel, als das Ringen um Vollendung im Glauben gesehen, das sich bei den einzelnen in verschiedenen Stufen offenbart – den verschiedenen Vätern, den Knaben, den Engeln verschiedenen Vollendungsgrades –, das aber doch als Aufgabe für alle gleich bindend ist. Und nun verstehen wir auch, was das Wort ‚erlösen' meint. Vordergründig, auf die alte Spielfabel gesehen, ist es zunächst negativ, losmachen vom Teufel und seiner Hölle; positiv aber bedeutet es – und das war Goethe persönlich so wesentlich – ewiges Leben. So setzt sich der Grundgedanke der Faustdichtung auch hier jenseits der Erde fort, und eben auch das ist ganz Goethisch. ‚Wirken wir fort, bis wir vom Weltgeist berufen in den Äther zurückkehren! Möge dann der ewig Lebendige uns neue Tätigkeiten, denen analog, in welchen wir uns schon erprobt, nicht versagen! Fügt er sodann Erinnerung und Nachgefühl des Rechten und Guten, was wir hier schon gewollt und geleistet, väterlich hinzu, so würden wir gewiß nur desto rascher in die Kämme des Weltgetriebes eingreifen. Die entelechische Monade muß sich nur in rastloser Tätigkeit erhalten; wird ihr diese zur andern Natur, so kann es ihr in Ewigkeit nicht an Beschäftigung fehlen.' " (19. März 1829)

Entsprechend ist eine Äußerung vom 4. des vorhergehenden Monats Eckermann gegenüber: „Die Überzeugung unsrer Fortdauer entspringt mir aus dem Begriff der Tätigkeit." Hier, im Aufschweben zum Himmel, wird diese Tätigkeit zu immer reinerem, stufenmäßig klarerem Anschauen Gottes.

Und dies ist nun Fausts letzte und höchste Erfahrung. Zuerst nehmen ihn die seligen Knaben auf, gleich ihm in den Anfängen göttlicher Erkenntnis.

Sei er zum Anbeginn
Steigendem Vollgewinn
Diesen gesellt!

Aber schnell wächst er, der sich durch eine Fülle irdischer Formen hindurch gewandelt hat, über die Knaben hinaus.

Schon ist er schön und groß
Von heiligem Leben.

Heiliges Leben, es ist zum erstenmal in der Dichtung, daß dies von Faust gesagt werden kann. Hier tritt nun zu dem immer strebend sich Bemühen jenes andere: die Erlösung und die Gnade. Die letzten Gesänge der Dichtung sind von der Fürbitte und dem Flehen um diese Gnade erfüllt und haben demgemäß alle die eine Wendung an die Himmelskönigin, die allein diese Gnade gewähren kann.

Und nun schwebt im Sternenglanz die Mater gloriosa selbst heran. Der Doktor Marianus, d. h. der heilige Lehrer von der Liebe Mariä, der Liebe Gottes, verkündigt ihr Kommen. Er hat die oberste Zelle, die der reinen Himmelssphäre am nächsten ist, inne und beginnt mit der Fürbitte, erst für Faust, dann für Gretchen und die drei großen Sünderinnen und Büßerinnen, denen sie zugesellt ist, der Maria Magdalena, der Samariterin am Brunnen und der Maria von Ägypten. Während die Erde nun ganz zurückbleibt, bitten diese drei wiederum, und zwar jede unter Hinweis auf ihre Gnadenerfahrung durch Christus, für die eine Büßerin, sonst Gretchen genannt.

Gretchens Gebet vor dem Andachtsbild der Mater dolorosa: „Ach, neige, du Schmerzensreiche, dein Antlitz gnädig meiner Not", klingt wieder auf, aber umgewandelt zu einer Dankhymne an die Mater gloriosa: „Neige, neige, du Ohnegleiche, du Strahlenreiche, dein

Antlitz gnädig meinem Glück!" Verzweiflung ist Erlösung geworden. Aber die Handlung ist damit nicht abgeschlossen. Sie entzieht sich uns nur, gleichsam in ferne Ewigkeiten weichend. Immer ist von lehren und belehrt werden in diesen Strophen die Rede, von Führung und Nachfolge, von einem Sich-Heben und Aufsteigen zu höheren Sphären, von neuen Wandlungen:

Blicket auf zum Retterblick
Alle reuig Zarten,
Euch zu seligem Geschick
Dankend umzuarten!

Und so schließt das Stück eigentlich nicht, — sondern es verklingt nur, weil unsere Sinne nicht mehr imstande sind, zu folgen. Das letzte, was wir hören, ist der Chorus mysticus, d. i. der Chor derer, die sich mit Gott vereinen und die wissen:

Alles Vergängliche
Ist nur ein Gleichnis;
Das Unzulängliche,
Hier wird's Ereignis;
Das Unbeschreibliche,
Hier ist es getan;
Das Ewig-Weibliche
Zieht uns hinan.

Goethe hat lange geschwankt, wie er diesen letzten Ausgang, die Entscheidung über die Wette und Fausts Erlösung dichterisch gestalten sollte. Zuerst war es wohl seine Meinung, das Stück so, wie es mit einem Prolog im Himmel begonnen hatte, auch mit einem Epilog im Himmel zu schließen. Da sollte dann die Streitfrage ausgetragen werden, ob der Herr oder Mephisto die Wette gewonnen habe.

Dann änderte Goethe den Plan — unter anderem unter dem Einfluß der Bilder auf dem Campo Santo zu Pisa. Engel sollten, brennende Rosen streuend, die Teufel vertreiben, Fausts Seele entführen und mit ihr nach oben schweben; Mephisto aber, im Gefühl, betrogen zu sein, zum Himmel eilen, Einspruch erheben und Recht verlangen. Hier sollte er aber nicht, wie im Prolog im Himmel, Gott Vater finden, sondern Jesus Christus, den Gottessohn. Die Idee war offenbar, daß Christus durch seinen Kreuzestod auch Fausts Seele erlöst habe. Das wäre freilich eine rein christliche Fassung, ein rein christlicher Abschluß geworden. Die jetzige endgültige Gestalt ist eine Verbindung des allgemein Christlichen mit persönlich Goetheschem. Indem Goethe an die

Stelle Gott Vaters und an die Stelle Christi die Mutter Gottes treten und Gretchen als Una poenitentium – gleichsam wie eine Heilige der Kirche – für Faust Fürbitte leisten läßt, legt er die Entscheidung, die „Gnade", die Erlösung in die Hand Gottes, aber in der Form des weiblichen Prinzips in der Welt, in die Hand des wie die Natur mütterlich und weiblich liebenden Elements:

Jungfrau, Mutter, Königin,
Göttin, bleibe gnädig!

Als das „Ewig Weibliche" steht die Himmelskönigin strahlend in der Mandorla über dem Reigen der Engel, Heiligen und Büßer. Die einzigen Worte, die sie spricht, sind nicht an Faust, sondern bedeutungsvoll an Gretchen gerichtet, noch einmal das betonend, was man Gretchens Sendung im Schicksal Fausts nennen könnte:

Komm! Hebe dich zu höhern Sphären!
Wenn er dich ahnet, folgt er nach.

Eckermann erzählt unter dem 6. Juni 1831, Goethe habe ihn auf folgende Verse aufmerksam gemacht:

„Gerettet ist das edle Glied
Der Geisterwelt vom Bösen,
Wer immer strebend sich bemüht,
Den können wir erlösen.

Und hat an ihm die Liebe gar
Von oben teilgenommen,
Begegnet ihm die selige Schar
Mit herzlichem Willkommen."

„In diesen Versen", sagte Goethe, „ist der Schlüssel zu Fausts Rettung enthalten: in Faust selber eine immer höhere und reinere Tätigkeit bis ans Ende, und von oben die ihm zu Hilfe kommende ewige Liebe. Es steht dies mit unsrer religiösen Vorstellung durchaus in Harmonie, nach welcher wir nicht bloß durch eigne Kraft selig werden, sondern durch die hinzukommende göttliche Gnade." Diese Äußerung ist deutlich genug. Von einer Selbstvollendung Fausts ist nicht die Rede. Es ist durchaus Goethisch, daß das letzte die Gnade ist.

„FAUST" – BUCH DER ERLÖSUNG ODER BLINDHEITSTRAGÖDIE DES FORTSCHRITTSMENSCHEN?

„Goethes ‚Faust' ist in jeder Zeile Goethes persönliches Bekenntnis, der Ausdruck seines Wesens und Daseins, die künstlerische Offenbarung alles dessen, was er selbst in seinem langen und reichen Leben äußerlich und innerlich erlebt hat. Jeder, der den ‚Faust' liest, hat das Gefühl, daß hier Anschauungen und Gedanken gestaltet sind, die alle Menschen in gleicher Weise angehen, daß dieses Werk ein Menschheitsbuch ist. Der Blick weitet sich überall vom Persönlichen ins allgemein Menschliche, vom beschränkten Einzel-Ich zu umfassenden Menschheitsfragen. Was Menschen je gehofft und erstrebt, geliebt und gehaßt, gelitten, gedacht und erlebt haben, der ganze, sich ewig wiederholende Inhalt des Daseins, tritt uns hier entgegen und hat in diesem Wunderwerk seinen Niederschlag gefunden. Es gibt kaum ein Gebiet menschlichen Lebens, das im ‚Faust' nicht irgendwie berührt ist: Wissenschaft, Philosophie, Sittlichkeit, Religion, Rechts- und Staatsleben, Beruf und Handwerk, Wirtschaft und Handel, Politik und Krieg, Natur und Kulturarbeit, die Geschichte der Menschheit in dreitausend Jahren – immer wieder staunt man über den unermeßlichen Reichtum dieses Werkes an Anschauungen und Gedanken. Zu dem Meer von Gedanken und Gestalten gesellt sich eine ebenso unermeßliche Fülle von Lebensregungen und Stimmungen, die wir alle nacherleben können: Liebe und Haß, Erkenntnisdrang und Genußsucht, Heiligkeit und Sünde, Schönheit und Häßlichkeit, Frömmigkeit und Aberglauben, Eigennutz und Opferwille, Reinheit und Gemeinheit, Vernunft und Sinnlichkeit. Nichts Menschliches ist dieser wunderbaren Dichtung fremd. So finden auch die verschiedensten Welt- und Lebensanschauungen hier ihren Ausdruck: Optimismus und Pessimismus, Individualismus und Sozialismus, Pantheismus und Pansatanismus, Materialismus und Idealismus, Christentum und Heidentum. Jede nur denkbare Stellungnahme zu Welt und Leben tritt uns hier in einer unübertrefflich klaren und anschaulichen Formulierung entgegen. Ein Menschheitsbuch aber ist der ‚Faust' vor allen Dingen auch dadurch, daß er ein Erlösungsbuch ist. Aus diesem Buch strömt unwiderstehlich die Kraft in uns über, uns dazu zu befähigen, mit dem Leben fertig zu werden, seine Hemmungen und Widerstände zu überwinden, seiner Erschütterungen und Versuchungen Herr zu werden, dem Leben, wie es ist, mit allen seinen Härten und Abgründen, seinen Rätseln und Widersprüchen in die Augen zu sehen und doch nicht zu versinken, vielmehr den Kampf mit ihm aufzunehmen, ihm gegenüber frei zu werden und schließlich der Erlösung teilhaftig zu werden." (Prof. Dr. Oswald Woyte)

„Der erste Teil des ‚Faust' bewegt sich im großen und ganzen in Anschauungen und Gedanken, die wir nachvollziehen können, die uns vertraut sind und die wir nacherleben können. Im zweiten Teil der Dichtung ist das nicht so leicht möglich; denn hier hebt sich Goethe über das Gebiet des Einzellebens in das Reich des Unpersönlichen, Allgemeinen hinaus, in jenes Reich, das sich der Menschengeist aus Religion und Philosophie, aus Wissenschaft und Kunst, im Staatsleben und Kulturleben aufgebaut hat, in jenes Reich umfassender, unendlich tiefer und großer Werte, in das Reich der Ideen, das nur wenige Menschen ganz zu übersehen vermögen, die die allerwenigsten aber in ihrem ganzen Umfange in sich aufnehmen und sich zu eigen machen können. Dieser zweite Teil ist sehr schwer in der ganzen Tiefe und Fülle seiner Geschichte zu erfassen; in ihn wächst man nur ganz allmählich hinein.

Der erste Teil hatte Faust das Reich der niederen, sinnlichen Lust ebenso wie das der Erkenntnis und der Liebe durchleben lassen. Das alles liegt nun abgeschlossen hinter ihm. Im zweiten Teil führt ihn Mephisto zunächst in die große Welt, ins Rauschen der Zeit, ins Rollen der Begebenheiten. Hier durchlebt Faust zuerst das Gebiet der Politik: Das ist dargestellt in der Szenenreihe, die sich am Kaiserhofe abspielt. Das Ergebnis dieses neuen, großen Lebensabschnittes ist aber für ihn wieder eine große Enttäuschung. Alles, was wir hier erleben, bleibt viel zu sehr im ‚Menschlichen, Allzumenschlichen' stecken. Es ist alles viel zu kleinlich und selbstsüchtig, als daß Faust auf die Dauer Befriedigung darin finden könnte. So strebt er hinaus aus dem Kreise dieser adligen und doch so wenig edlen Menschen und sehnt sich nach wahrhaft reinem, edlem, großem und schönem Menschentum, einem Menschentum, wie es schon einmal auf der Erde lebendig gewesen ist in jener wunderbaren Kulturblüte des Griechentums. Mit leidenschaftlicher Inbrunst verlangt er nach dieser Welt; Goethe läßt ihn diese Welt in jenen Szenen erleben, die von der Beschwörung Helenas und der klassischen Walpurgisnacht bis zur Helenatragödie reichen. Auch dieser Lebensabschnitt endigt mit tiefster Unzufriedenheit. Helena geht zugrunde, und Faust ist wieder am Ende aller Hoffnung. Da erhebt er sich ein letztes Mal zu einem neuen, großen Aufstieg in das Gebiet der Kulturarbeit, der Landgewinnung aus dem

Meer. Nun erfüllt ihn das Eintreten, Wirken und Schaffen für die Menschheit, der Kampf dafür, daß sie immer von neuem über sich und über das, was sie schon erreicht hat, hinauswächst. Indem Faust sich dafür einsetzt, indem er die Mitarbeit an diesem Kulturwerk zum Inhalt seines Lebens macht, gewinnt er endlich die Befriedigung, die Dauer verspricht." (Prof. Dr. Oswald Woyte)

„Faust: er ist der ewige Deutsche selbst: von rätselhaften inneren Gesichten geplagt und beschwingt; unersättlich nach Leben und Liebe; titanenhaft und lasterhaft, vom Versucher begleitet; Chaos und Form; sehnsüchtig ins immer Größere und Weltweite strebend, und doch nur im Innersten zu befriedigen, wo denn zuletzt aus Tatendrang und Liebe das Wunder der Erlösung sich vollendet.

Was ein Volk aus seinem metaphysischen Urgrund geboren und geoffenbart hat, was es als seine höchste Schöpfung hegt und besitzt, das ist zugleich seine Gabe an die anderen Völker. Faustähnliches gibt es wohl auch im Geistesraum fremder Nationen. Man hat Don Juan und Faust, Hamlet und Faust nebeneinandergestellt. Man hat dem Ritter Don Quichotte eine ins letzte Menschliche gehende Deutung gegeben. Den Weg ‚vom Himmel durch die Welt zur Hölle' hat auch Dante mit einzigartig großen Gesichten erfüllt. Aber ein Faust konnte eben nur in Deutschland Gestalt gewinnen, und die ganze Welt wäre ärmer, wenn dieser ‚Unmensch ohne Rast und Ruh', dieser Übermensch, der doch zugleich das Menschliche bis zu den ‚Müttern' hinab ausgemessen hat, nicht an das Licht der gemeinsamen Geisteswelt getreten wäre; sie ist heute nicht mehr bloß die europäische."

(Professor Dr. Eduard Spranger)

„Einem Geschlecht, dem die Frage nach dem ‚Geheimnis der Bosheit' nur intellektuelle Verlegenheit bereitete, mochte Fausts Bündnis mit Mephistopheles weniger bedenklich erscheinen als uns, den Söhnen und Enkeln, die es zu büßen haben, daß man den Teufel allzu akademisch einschätzte. Wahrhaftig, uns ist es keine akademische Angelegenheit, kein literargeschichtliches Problem, sondern schaudervoll erlittene und abzubüßende Wirklichkeit. Und eben deshalb begnügen wir uns nicht mit der Bewunderung dieses ‚inkommensurablen' Geheimbuchs, wir erbauen uns nicht nur an einzelnen mythologischen Szenen, sondern besinnen uns schlicht auf das tragische Thema des Werkes. Es verleitet selbst den Idealisten dazu, Fausts Weg symbolisch zu interpretieren als den Entwicklungsweg eines Geistes, der sich nach

Überwindung theoretischen Glaubenszwanges im ästhetisch-klassischen Erlebnis erschließt und am Ende in der Sphäre des technischen und politischen Handelns erfüllt. Auf diesem Wege bleibt Margarete samt ihrer Mutter, ihrem Kinde und ihrem Bruder hingeopfert liegen – aber im Bewußtsein des idealistischen Interpreten fällt dies nicht allzuschwer ins Gewicht, während wir, die heilsam Ernüchterten, in Gretchens Entsetzensschrei einstimmen: ‚Heinrich, mir graut's vor dir!' – Uns graut es auch, wenn im allerletzten Akt der Tragödie der Hundertjährige, um seinen Riesenbesitz abzurunden, Philemon und Baucis vom Teufel umquartieren läßt, wobei Hütte und Kapelle in Flammen aufgehen und die frommen Uralten zusammen mit ihrem Gast, dem sie dereinst das Leben retteten, elend verbrennen. ‚Die wenig Bäume, nicht mein eigen, verderben mir den Weltbesitz.' So spricht der dem Satan verbündete Kolonisator. Mephistopheles aber glossiert den Zwischenfall mit der uns allzuvertrauten These: ‚Man hat Gewalt, so hat man Recht.' – Uns graut es, wenn schließlich der erblindete, der verblendete Übermensch für Millionen Menschen Land erschließt und ihnen ein freies Dasein sichern möchte – mit Hilfe des Teufels, ein Utopist, ein Spezialist. Wir ahnen, nein, wir wissen es mit Baucis, was solche Planungen bedeuten:

‚Menschenopfer mußten bluten,
Nachts erscholl des Jammers Qual,
Meerab flossen Feuergluten:
Morgens war es ein Kanal.'

Uns graut es, wenn der faustische Großunternehmer sich am Geklirr der Spaten ergötzt, ohne zu merken, daß es nicht die herbeigepreßte Arbeiterschaft ist, die den Kanal ausschachtet, sondern daß es die Lemuren sind, die Gehilfen des Satans, die ihm sein Grab schaufeln. Schauerliche Ironie, unüberhörbare, wenn Faust hier von Ruhm geblendet, ‚im Vorgefühl von solchem hohen Glück', den ‚höchsten Augenblick' zu genießen meint! Wenn man sich nicht, wie gewöhnlich, darauf beschränkte, diese Partie aus dem Zusammenhang gelöst zu rezitieren, sondern sich die szenische Wirklichkeit vorstellte: die das Grab schaufelnden Lemuren, den Teufel als Aufseher, den Rauch der eingeäscherten Hütte und Kapelle, so würde man sich hüten, aus den dramatisch großartigen Phrasen Fausts ein faustisches Programm zu machen.

Von Rechts wegen ist Faust in diesem ‚höchsten Augenblick' dem Teufel verfallen, – es sei denn, daß man den grammatischen Trick als formalen Vorbehalt gelten läßt und Fausts im conjunctivus potentialis gemachtes Geständnis: ,Zum Augenblicke d ü r f t' ich sagen (statt ,ich d a r f zum Augenblicke sagen' in einer früheren Fassung), verweile doch, du bist so schön...' zu seinen Gunsten auslegt, nämlich als eine unverbindliche Wendung. Der Teufel freilich nimmt es mit der Grammatik nicht so genau; und Faust wäre trotz jenes Konjunktivs verloren, wenn Goethes Konzilianz nicht als göttliche Gnade das letzte Retterwort spräche. Aber wir fühlen uns doch – hier ist freilich eine kritische Auseinandersetzung nicht mehr vermeidbar – peinlich berührt sowohl durch das grammatische Alibi als auch durch jene sich als ,hinzukommende göttliche Gnade' gebärdende Konzilianz. Aischylos, Sophokles, Shakespeare haben es ihren Helden nicht so leicht gemacht wie der Weltgeist des Idealismus, dem das faustische Streben ausreichend zu sein scheint zur Begnadigung, ungeachtet der Menschenopfer (im ersten wie im zweiten Teil).

Faust prahlt mit dem scheinbar heroischen Trotz des autonomen Menschen:

> ,Nach drüben ist die Aussicht uns verrannt,
> Tor, wer dorthin die Augen blinzelnd richtet,
> sich über Wolken seinesgleichen dichtet!
> Er stehe fest und sehe hier sich um!'

Welch ein Programm der Lebenstüchtigkeit! Doch die Lemuren schaufeln. Wer ist dieser Faust? Ein Idealist? Um es genau zu sagen, genauer, als Goethe selbst es uns gesagt hat: Faust ist der Mensch auf der Flucht, auf der Flucht vor Gott. Es ist freilich keine gewöhnliche Flucht, sondern eine weltdurchstürmende, welterschließende Flucht. Sein unersättlicher Tätigkeitsdrang findet im Vernichtungswillen Mephistos seine Entsprechung. In dessen Nichts hofft Faust das All zu finden; es gibt auch eine ,Sünde der Bewegung': ,Im Weiterschreiten find' er Qual und Glück, er, unbefriedigt jeden Augenblick!' Goethes Faust ist die Blindheitstragödie des Fortschrittsmenschen: Sein erster Schritt bereits ist eine Lüge, da er, ein ungläubiger Theologe, das heilige Wort, den göttlichen Logos, auf seine faustische Weise übersetzt als die ,Tat', wobei er sein eigenes Tun, sein eigenes Tätigsein im Sinne hat, wie er denn auch im Religionsgespräch mit Gretchen den ,Namen' schlechthin als Schall und Rauch verwirft, um alles aufzulösen in Gefühl, in sein faustisches subjektives Gefühl. Was Wunder, daß ihm die ganze Welt zum Medium seines Icherlebens dienen muß: Sein eigenes Selbst will er zu ihrem Selbst erweitern. Mit titanischem Pathos projiziert er seinen Nihilismus in die Welt hinein. Auf ‚Selbsterweitern' reimt sich unüberhörbar in seiner Rede: ‚Zerscheitern'. Nicht zufällig; denn ständig spielt Faust mit der Möglichkeit des Zugrundegehens: Schon im ersten Akt hätte er sich selbst durch Gift vernichtet, wenn ihm nicht die süßen Himmelstöne des Ostergesanges gläubiger Frauen die rettende Träne entlockt hätten. Doch ach: Da er die Botschaft hörte, für die ihm doch der Glaube fehlte, wird er nur gerettet, um die Flucht vor Gott von neuem zu beginnen, Hand in Hand mit dem Teufel.

Man hat sich daran gewöhnt, Goethes Fausttragödie als ein dichterisches Kompendium der Welt und Lebensweisheit zu lesen, als wäre der Faust nicht ein Drama, also ein tragisches Wechselgespräch, sondern ein ‚Weltanschauungsbuch', das größte Weltanschauungsbuch der Deutschen, wie kürzlich ein unentwegter Faustologe sich auszudrücken beliebte. Es ist durchaus erlaubt, den Gesang des Türmers Lynkeus auszugsweise zu rezitieren als Resümee Faustisch-Goethischen Welterlebens: ‚Ihr glücklichen Augen, was je ihr gesehn, es sei, wie es wolle, es war doch so schön!' Aber man lese weiter, man fahre fort: ‚Welch ein greuliches Entsetzen, droht mir aus der finstern Welt!' Denn siehe, da steigen die Flammen aus der Hütte des frommen Greisenpaares und aus ihrer Kapelle, deren Geläut der Nachbar Übermensch verflucht hatte. Und wie könnte uns Fausts so großgebärdiges Bekenntnis zur Diesseitigkeit, zum Hiesigen noch imponieren, wenn wir dagegen die eindringliche Litanei der gespenstischen Sorge vernehmen: ‚Wen ich einmal besitze, dem ist alle Welt nichts nütze.'

Man sage nicht, daß wir ärmer geworden sind durch solche Einsicht, wenn sich uns auch manches beliebte, von einer früheren Generation mit Pathos zitierte Faustwort schauerlich zweideutig erweist und wenn uns auch der Epilog der Tragödie, wo Faust durch sein eigenes Streben und durch die ‚hinzukommende göttliche Gnade' errettet wird, der vollen Glaubwürdigkeit zu ermangeln scheint, wenn auch der reuelose Übermensch in unseren Augen – ein Unmensch ist. Wir haben uns dieser Einsicht weder zu rühmen, noch brauchen wir uns ihrer zu schämen; verleugnen jedenfalls dürfen wir sie nicht, wie groß auch unsere Bewunderung des Dichtwerks als eines solchen ist."

(Heinz Flügel)

„Angeregt durch Ihre neulichen Bemerkungen über die klassische Walpurgisnacht, verschaffte ich mir den Faust, um den ich mich jahrelang nicht gekümmert hatte. Der Eindruck war natürlich der von etwas sehr Modernem, aber der Eindruck war zwiespältig. Der erste Teil bestürzend schön und herrlich wie am ersten Tag, der zweite eigentlich vor allem: seltsam. Natürlich erhaben, aber eigentlich doch alles göttliche Schrulligkeiten – Schaum, hell oder tief gefärbte Seifenblasen von einem, der auf einem Balkon steht, selber irreal und unbeweglich, immer neue Tonpfeifen und Strohhalme hervorzaubernd, die bunten Kugeln abzublasen. Etwas zuviel Chor, Greife, Lamien, Pulcinellen, Imsen, Kraniche und Empusen, denkt man manchmal, zuviel Rohrgeflüster und Gesäusel und Frühlingsblüten und Elfenkreise und Sternenkränze und selige Knaben. Es ist alles nicht mehr ganz berührbar für unsereinen, dies schmerzliche Gefühl entsteht. Im ganzen zweiten Teil nichts mehr von Konflikt, Antithese, Drama, selbst nichts von Rede und Gegenrede – jede Erscheinung sprudelt, murmelt, jauchzt und betet vor sich hin, treibt ihre monomane Lyrik vor, deren Inhalt allerdings immer einheitlich das gleiche dunkle, aber optimistisch gesehene, götterbewegte Universum ist. Einer der seltsamsten Vorgänge scheint mir am Schluß die nüchterne Vertreibung und Ausrottung von Philemon und Baucis im Interesse der Volksdemokratie beziehungsweise einer Laune des Bauherrn, man könnte es unmittelbar und anschaulich amoralisch nennen.

Als Ganzes eines der geheimnisvollsten Geschenke des deutschen Geistes an unser Jahrhundert – die Grenze zwischen Phantasie und Spiritismus scheint mir nicht überall deutlich, es hat klare Züge von Elevation. Überblickt man das Ganze, ist man verblüfft von so viel Simplizität, fast Infantilität eines Sursum corda, dem gegenüber das Irdische des Mephisto fast zuwenig existentielles Gewicht zu haben scheint – zuviel Irrlicht und Elmsfeuer bei zuwenig Sumpf und Dekomposition. Das Gigantische des Ganzen steht natürlich überhaupt nicht in Frage. Auf der anderen Seite scheint mir, daß gerade Faust II den Abstand der Goetheschen Existenz von der heutigen am klarsten zum Ausdruck bringt. In ihr ist die Antike und das Barock in einer Realität noch da, die heute, in einem echten mutativen Prozeß erloschen, als abgelegt betrachtet werden muß. Auch die Sprachart, überall schön und rührend, wäre heute als Ausdrucksmittel kaum ansetzbar. Aber das Ganze, wie gesagt: Geheimnis neben Geheimnis, und Abgrund und Tiefe, Kälte und sowohl lässige wie dämonische Erfahrung auf jeder Seite; schleierhaft ist mir nur, daß dies Werk eingegangen ist in das Bewußtsein der Nation als seine größte Offenbarung. Es ist doch völlig unzugänglich, nämlich eine Landschaft, die es für niemanden gab und für keinen gibt, eine Landschaft, über die sich ein riesiger Traktor wälzt, Schellen an den Rädern und Schwerter an den Füßen, und pflügt und sät und erntet, vor sich immer neue Ährenfelder und hinter sich immer neue gefüllte Scheuern, aber aus denen weder Brot noch Kuchen kommt – doch verhält es sich wahrscheinlich bei der Divina Commedia ebenso, deren Wurzel und Ausstrahlung ich nicht beurteilen kann."

(Briefentwurf von Gottfried Benn: An F. W. Oelze, 29. 7. 1948)

„FAUST II" – WELT DER SYMBOLE

Goethes „Faust", insbesondere aber der zweite Teil der Dichtung, ist eine Welt der Symbole. Es ist für Goethe bezeichnend, daß er vielfach direkte Bezüge und Aussagen vermeidet, daß er das, was er meint und ausdrücken will, nur umschreibt, sich in Beispielen und Bildern widerspiegeln läßt, daß er verhüllt, was er enthüllen will, daß er durch Sinnbilder und Symbole den Sinngehalt seines Werkes verdeutlichen will.

Auf die Vielfalt seiner Symbole, der Symbolgefüge und -verflechtungen kann hier nicht ausführlich eingegangen werden. Wer sich näher mit diesem Thema befassen will, sei auf das grundlegende Buch von Wilhelm Emrich, „Die Symbolik von Faust II" verwiesen. Goethe hat bei der Darstellung der Symbole aus seinem immensen Wissen über alle ihm vertrauten Geschichts- und Kulturwelten geschöpft. „Alles, was geschieht, ist Symbol", schreibt er selber am 2. April 1818 an Schubarth, „und indem es vollkommen sich selbst darstellt, deutet es auf das übrige. In dieser Betrachtung scheint mir die höchste Anmaßung und die höchste Bescheidenheit zu liegen."

Hinsichtlich der verwandten Symbole unterscheiden wir Symboldinge und Symbolgestalten. Zu den Symboldingen gehören etwa die Sonne als Ausdruck des „Flammenübermaßes", des Absoluten, des Unendlichen, die anmutige Gegend mit ihrem blumigen Rasen als Ausdruck eines Ortes der Ruhe, des Friedens, der Genesung, der Schlaf als Ausdruck des Versinkens und Vergessens, der Wassersturz als Sinnbild des Lebens, der Bewegung, der Regenbogen als „farbiger Abglanz" des Absoluten, des Göttlichen, und der Schleier als Ausdruck der Verhüllung und Enthüllung. „Der Schleier", schreibt Helmut Kobligk, „ist eines der Grundsymbole Goethes, das er an vielen Stellen seines dichterischen Werkes gebraucht. Der Schleier verhüllt und macht zugleich transparent. Die schleierhafte Natur verschließt und entbirgt zugleich das Absolute. Es ist nicht unmittelbar anwesend, aber es scheint hindurch. Das Schleiersymbol weist auch hin auf den Bereich des Ästhetischen, in den Faust jetzt eintritt. Der Schleier wird zugleich zum Symbol der Kunst, die die Wahrheit des Absoluten ins poetische Bild setzt, um das Wahre nur anzudeuten und ihm den Charakter des Rätselhaften, Geheimnisvollen zu lassen."

„Aus Morgenduft gewebt und Sonnenklarheit" empfängt der Dichter auch in dem Gedicht „Zueignung", das er an den Anfang seiner Gedichtsammlung gestellt hat, „der Dichtung Schleier aus der Hand der Wahrheit". Und in Schillers Gedicht „Das verschleierte Bild zu Sais" heißt es: „Was ist's, was hinter diesem Schleier sich verbirgt? Die Wahrheit, ist die Antwort."

Die Faust entschwindende Helena läßt nur ihr Kleid und ihren Schleier in seinen Händen zurück. Fausts Ehe mit ihr, die Vermählung des deutschen Geistes mit dem antiken, kann nur ein vorübergehender Zustand sein, der Besitz der Schönheit nur ein kurz dauernder Höhepunkt. Auch das, was nach Euphorions tödlichem Absturz zurückbleibt, sind seine Aureole, die wie ein Komet zum Himmel aufsteigt, Kleid, Mantel und Lyra als Symbole des Musischen.

Und wie es in der „Zueignung" heißt: „Da schwebte, mit den Wolken hergetragen, ein göttlich Weib vor meinen Augen hin", spielt auch in „Faust II" das Wolkensymbol wiederholt eine entscheidende Rolle. Helenas Gewande lösen sich in Wolken auf, und auf einer dieser Wolken wird Faust emporgehoben und aus Griechenland ins nordische Hochgebirge zurückgetragen. Die Wolken erscheinen als ein Sinnbild des Wesens der Kunst, das sich in ständiger Verhüllung, Wandlung und Auflösung befindet.

Gold als das Symbol des Reichtums, nicht nur im Bereich der Natur, sondern auch im Bereich des Gesellschaftlichen und Politischen; Höhlen als Symbole des Bergenden, Verbergenden, das Wasser als Sinnbild des ewig Fließenden, sich Wandelnden und sich ständig Erneuernden, der im Zenit stehende Mond als Zeichen für die gleichsam stillstehende Zeit, das Meer als Symbol des Unendlichen, des lebenerzeugenden und lebenfördernden Elements – die Fülle der Bezüge aller Sinnbilder und Symbole ist kaum auszuschöpfen. Dazu treten die zahlreichen Symbolgestalten, sei es als Fabelwesen, als Tier- oder Menschengestalten: nicht nur die Gestalten des Mummenschanzes, der Knabe Wagenlenker, die Grazien, Parzen, Furien, Faunen, Satyrn, Gnomen, Riesen, Nymphen, die Gärtner, Gärtnerinnen, Fischer,

Vogelsteller, Holzhauer, Pulcinellen, Parasiten haben sinnbildliche Bedeutung oder die Gestalten, die Furcht, Hoffnung und Klugheit darstellen, sondern vor allem die Gestalten der Klassischen Walpurgisnacht, die Greife, Ameisen, Arimaspen, Sphinxe, Sirenen, Nymphen, Pygmäen, Daktylen, Imsen, Kraniche, Lamien, Empusen, Oreaden, Phorkyaden, Nereiden, Doriden, Tritonen, Telchinen, Psyllen und Marsen. Symbolhafte Bedeutung haben aber vor allem die geschichtlichen und die die Handlung tragenden Personen der Faustdichtung, Anaxagoras, Thales, Chiron, Proteus, Nereus, vor allem aber die Hauptgestalten Homunkulus, Helena (Symbol des Schönen – Guten), Euphorion (Sinnbild der todgeweihten Poesie), Mephistopheles-Phorkyas (Symbol des Häßlichen – Bösen) und nicht zuletzt Faust selbst. Daß auch Faust selbst Symbolgestalt ist, haben die meisten Interpreten der Dichtung erkannt. Nicht im Sinne Goethes war wohl die deutschtümelnde Auffassung der Faust-Gestalt als des „faustischen Menschen", des „ewigen Deutschen"; ebenso falsch ist die Auffassung linksgerichteter, marxistischer Deuter Fausts als eines „Kapitalisten", „Großunternehmers", „Großverbrechers", „Kriegstreibers". Richtig dagegen erscheint die Deutung Benno von Wieses von Faust als einem zu sich selber verurteilten Wesen, als einer „Vereinigung von Erdhaftem und Himmlischem, von Bösem und Gutem, von Irrtum und Wahrheit, von Bedingtem und Unbedingtem, von Lebensverzweiflung und Lebensglauben, von Illusion und Wirklichkeitssteigerung, wie sie von Fausts mächtiger Monade gelebt und zur besonderen Eigentümlichkeit seines Wesens wurde, als tragische Existenz schlechthin... Im zweiten Teil geht es nicht mehr um Faust als einmaliges, konkret beschreibbares Ich, sohl aber um die an ihren Welten symbolisch dargestellte Faustische Monade: ein Gleichnis für die höchsten Möglichkeiten und Grenzen, die dem Ich bei seiner Weltdurchdringung gegeben und gesetzt sind. Die Symbolik des zweiten Teils macht die Individualität selbst zu einem Urphänomen, das aus nichts anderem mehr abzuleiten ist und das nur in den Spiegelungen greifbar ist, in denen es erscheint, so wie die göttliche Sonne der Ariel-Szene in dem bunten Bogen des Wasserfalls sich spiegelt."

Symbolcharakter trägt auch die Schlußszene von „Faust II": „Bergschluchten, Wald, Fels, Einöde". Alles, schon das Aufwärtsschweben, deutet auf Erdentrückung, das stumm-freundliche Verhalten der Löwen auf einen paradiesischen Zustand. Symbolgestalten sind die heiligen Anachoreten, die auf- und abschweifenden Patres, die seligen Knaben, die verschiedenen Arten der Engel, der Doktor Marianus als Träger und Lehrer der höchsten, ganz der Marienverehrung hingegebenen Gelehrsamkeit, die drei Büßerinnen als Sinnbilder für „leicht Verführbare", dann aber Begnadigte und Verklärte, Gretchen selbst als Symbol der „belehrenden", reinigenden Liebe, und schließlich die Mater gloriosa, die Himmelskönigin in ihrem Strahlenglanze als Symbol der göttlichen Liebe, die sich im Prinzip des Ewig-Weiblichen kundtut.

Die Symbolhaftigkeit des ganzen Geschehens verkündet abschließend der Chorus mysticus, der die Gleichnishaftigkeit und Unaussprechlichkeit der Vorgänge zum Ausdruck bringt. Symbole und Gleichnisse haben die Beziehung zum Unendlichen, Absoluten, Transzendenten, Ewigen, Göttlichen hergestellt; Unzulängliches, nicht zu Erlangendes hat sich im Irdischen realisiert, ist Sinnbild, ist „Ereignis" geworden; das Unbeschreibliche, dem Menschen nicht Faßbare, jenseits aller Vernunft Befindliche hat sich in der anziehenden, erlösenden Weltkraft der Liebe, des Ewig-Weiblichen manifestiert.

FAUST – „DIE ENTELECHISCHE MONADE"

In einem am 19. März 1827 an seinen musikalischen Berater, den Komponisten Karl Friedrich Zelter gerichteten Brief hat Goethe von der „entelechischen Monade" gesprochen, die sich nur in rastloser Tätigkeit erhält und damit das Wesen Fausts umschrieben; in der Schlußszene zu „Faust II", in der Szene „Bergschluchten", wo man heute die Worte liest: „Engel schwebend in der höhern Atmosphäre, Faustens Unsterbliches tragend", stand in einer früheren Fassung der Szene „Chor der Engel, Faustens Entelechie heranbringend". Um der Allgemeinverständlichkeit willen hat Goethe das Wort „Entelechie" durch „Unsterbliches" ersetzt.

Hier soll kurz auf die Bedeutung des Ausdrucks „entelechische Monade" eingegangen werden.

Aristoteles (384–322 v. Chr.) hat den Begriff „Entelechie" in die Philosophie eingeführt. Er versteht darunter etwas, das sein Ziel in sich selber hat: eine Form, die sich im Stoff verwirklicht. Als Seiendes ist die Entelechie auf etwas gerichtet; sie bewegt sich auf ein in der Ferne oder in der Zukunft liegendes Ziel hin und strebt danach, sich selbst zu vollenden; sie ist, kurz gesagt, die im Organismus liegende potentielle Kraft, die seine Entwicklung und Vollendung bewirkt.

„Entelechisch" heißt also soviel wie formverwirklichend, zielstrebig, auf Weiterentwicklung und Selbstvollendung bedacht.

Gottfried Wilhelm Leibniz (1646–1716) prägte den Begriff der „Monade". Unter einer Monade versteht er eine individuelle geistige Substanz, die sich selbst aktiviert und im Rahmen einer „prästabilisierten Harmonie" sich nach eigenem Gesetz entwickelt. (Vergleiche Goethes „Urworte": „Nach dem Gesetz, wonach du angetreten – So mußt du sein, du kannst dir nicht entfliehen – Geprägte Form, die lebend sich entwickelt.") Leibniz' Lehre von der kraftbegabten Monade („Monadologie", 1714) steht als metaphysischer Pluralismus gegen Spinozas Alleinheitstheorie. In seiner Doktrin von der „prästabilisierten Harmonie" vertritt Leibniz die Ansicht, daß Gott alle Substanzen so geschaffen habe, daß sie untereinander in einer bestimmten ausgeglichenen Zuordnung und in einer genauen Übereinstimmung stehen.

POLITISCHE ASPEKTE DER FAUST-UTOPIE: „AUF FREIEM GRUND MIT FREIEM VOLKE STEHN!"

Schon immer ist der Schluß des „Faust" in verschiedener Weise gedeutet worden. Insbesondere die Faust-Utopie hat beständig neue Auslegungen erfahren:

> Eröffn' ich Räume vielen Millionen,
> Nicht sicher zwar, doch tätig-frei zu wohnen. . .
> Und so verbringt, umrungen von Gefahr,
> Hier Kindheit, Mann und Greis sein tüchtig Jahr.
> Solch ein Gewimmel möcht ich sehn!
> Auf freiem Grund mit freiem Volke stehn!

„Besonders die Interpreten des 19. Jahrhunderts neigten dazu, in Fausts Vision die eigenen politischen und sozialen Zielvorstellungen hineinzulegen. Sieg der Technik über die Natur, Schaffung einer neuen Gesellschaft, die man je nach den eigenen Idealen als liberal, als sozialistisch, als national bezeichnete – das waren die Gesichtspunkte, unter denen sich Goethes Utopie den jeweiligen Bedürfnissen anzupassen schien." (Helmut Kobligk)

Erinnert sei nur an das Faust-Wort (Schlußwort der Szene „Mitternacht") „Daß sich das größte Werk vollende, genügt ein Geist für tausend Hände", das, auf Adolf Hitler bezogen, ein beliebtes Aufsatzthema im Schulunterricht des Dritten Reiches bildete.

In gleicher Weise einseitig betrachten marxistische Interpreten Fausts Zukunftsvision. Sie sehen in ihr eine „gedankliche Vorwegnahme eines freien und sozialistischen Endzustandes der Gesellschaft, die als Utopie formuliert werden muß, weil die Zeit für die Verwirklichung noch nicht reif ist", eine „Befreiung des Menschen zum eigenen Planen der Geschichte" (Scholz), eine Vision der Planerfüllung, der Entfaltung der Produktivkräfte, eine „Überwindung der Widersprüchlichkeiten der kapitalistischen Entwicklung" und dergleichen mehr. Goethe wird zum Marxisten „umgeartet". Eine sowjetische Deutung (Marietta Schaginjan) sagt: „Goethe gestaltet hier einen Aufruf zur Revolution. Der faule Pfuhl – das ist die überlebte kapitalistische Gesellschaftsordnung, die dem Bau eines neuen, freien Lebens im Wege steht. Revolutionär proklamiert Faust durch seine letzte Tat die Vernichtung des Sumpfes der alten gesellschaftlichen Verhältnisse. Sein geistiges Auge sieht eine Zukunft, in der die Menscnen glücklich sein werden." Daß das neue freie Leben nur ein marxistisch-sozialistisches sein kann, vielleicht wie es heute hinter Mauer und Stacheldraht östlicher Grenzziehungen praktiziert wird, ist für Marietta Schaginjan wohl selbstverständlich.

Andere wieder sehen in Faust den „Organisator eines Konzentrationslagers" (Albert Fuchs), den „schrankenlosen Diktator" (Wilhelm Böhm), den Errichter eines „Archipels Gulag", erinnern an die zum Grabenschaufeln und Bahnbau in Workuta und an der Petschora von den Russen eingesetzten deutschen Kriegsgefangenen und ihre unsagbaren Leiden daselbst oder an „das Problem der Trockenlegung der Pontinischen Sümpfe, das in unserer Zeit von einem Diktator gelöst wurde" (Wilhelm Böhm).

Alle diese Deutungen führen sich selbst ad absurdum. Tatsache aber ist, daß – nach Heinrich Rickert – „Faust sich nicht mehr allein ins Zentrum seiner Arbeit stellt, sondern Solidaritätsbewußtsein mit der Menge, für die er schafft, zeigt", daß – nach Ernst Beutler – „eine entscheidende Wendung Fausts vom Ich, vom auf sich selbst bezogenen Leben, zum Du, zum Wirken für die Allgemeinheit des Volkes", sich vollzieht. Hermann August Korff („Geist der Goethezeit") sieht die Bedeutung der Szene „Großer Vorhof des Palastes" darin, daß Faust dem Bekenntnis zum rein Ästhetischen, zur Welt der Schönheit absagt und sich statt dessen der Welt der Arbeit, dem Wesen einer neu heraufkommenden Zeit, zuwendet.

Eine nicht primär politische Bedeutung sehen schließlich Erich Trunz und Helmut Kobligk in dem Schluß der Dichtung. „Der Idee einer paradiesischen Natur entspricht die Vorstellung einer freien Gesellschaft, eines freien Volkes auf freiem Grund. Die Gesellschaft wird vertreten durch ihre typischen Repräsentanten ‚Kindheit, Mann und Greis'; ‚Freiheit' meint hier nicht politische Freiheit, frei ist ein Volk, wenn es sich mit eigener Kraft den Zwängen der Natur entzogen hat. Solche Freiheit wird durch Tüchtigkeit, durch rastlose Tätigkeit errungen. Und frei ist der Grund insofern, als er von freien Menschen, von einer Menge freier Menschen, die das Volk darstellen, geschaffen worden ist und nicht nur nach den Gesetzen der Natur gewachsen ist. Faust geht es bei der letzten rastlosen Tätigkeit um die Überwindung der Endlichkeit, um den Sieg über den ewigen Kreislauf der Elemente, um die Sinngebung seines Lebens und seiner Tätigkeit und damit um die eigene Rettung. Er hat sein Wesen in sein Werk gelegt, und um die Erhaltung und Dauerhaftigkeit seines Werkes geht es ihm."

> Das ist der Weisheit letzter Schluß:
> Nur der verdient sich Freiheit wie das Leben,
> Der täglich sie erobern muß!

SPRACHE UND METRIK DES „FAUST II"

Zwar meint Gottfried Benn in einem an F. W. Oelze am 29. 7. 1948 gerichteten, aber nicht abgesandten Brief (er ist an anderer Stelle dieses Bandes wiedergegeben), daß die Sprachart des „Faust II", obwohl überall „schön und rührend", heute als Ausdrucksmittel „kaum ansetzbar" wäre. Wir sind nicht dieser Meinung. Wir meinen, daß Goethe hinsichtlich der Sprachart, der Wortbildung, der Wortartistik und der Vielfalt der verwendeten Versarten, Reime, Lautwiederholungen und Vokalsymbole keinem unserer heutigen Sprachkünstler nachsteht, ja diese – mindestens hinsichtlich des Reichtums seiner Möglichkeiten – bei weitem übertrifft. Gottfried Benn, selbst ein Meister des Stils, hätte schon Goethes an der Musik orientierte Sprachgestaltung auffallen müssen.

Hinsichtlich Goethes Sprachstil in „Faust II" führt Hans-Joachim Schrimpf aus: „Dem symbolischen Gestaltungs- und Kompositionsprinzip des Werkes entspricht ein ebenso verweisender, abstrahierender, indirekter Sprachstil. Dieser Stil lebt aus der ständig bewußt gehaltenen Spannung von Ausgesprochenem und Unaussprechlichem... Das Wort meint immer mehr, als es sagt, oder es wird in der ironischen Färbung wieder eingeschränkt und relativiert. Die Sprache lebt stärker aus dem Gesetz der jeweils dargestellten Sachbereiche als aus dem Erleben des aussprechenden Subjekts... Substantivierungen von Verben, häufig ohne Artikel, kühne Satzverschachtelungen, spröde Inversionen werden bevorzugt. Ironisch umspielt der Dichter Gestalten und Bilder, um sie sich selbst aussagen zu lassen... Dann aber wird die Sprache auch wieder kündend, erhaben und großartig, von eindringlicher Gewalt. Oft schlägt das eine in das andere um, ohne daß die Konturen verwischt werden oder der hintergründige Ernst der Aussage in Frage gestellt würde."

Es ist schlechterdings unmöglich, im Rahmen dieses kleinen Erläuterungsheftes auf alle Einzelheiten einzugehen. Wer sich mit der Sprach- und Versform von „Faust II" näher befassen will, sei auf das grundlegende Buch von Kurt May „Faust II – in der Sprachform gedeutet" verwiesen. Ein kleiner Abschnitt aus diesem Buch möge dartun, wie subtil und einfühlsam der Verfasser die Sprachgestalt der Faust-Dichtung Goethes untersucht.

„Symbolisch, d. h. zugleich sinnlich wirksam und sinnhaltig bedeutungsvoll strömt der Versrhythmus im ersten Faust-Monolog des Zweiten Teils der Dichtung dahin. Die vorausgegangenen Geisterszenen sind ausgeklungen in fallenden trochäischen Versen:

In die Felsen, unters Laub;
Trifft es euch, so seid ihr taub.

Unmittelbar darauf in eindringlichem Umsprung setzt die Faustsprache ein:

Des Lebens Pulse schlagen frisch lebendig.

Diese faustische Versrede hat einen anderen Ausdruckswert der rhythmischen Fügung, der natürlich nicht ablösbar ist vom Sinn der Wörter in ihrem Zusammenhang. Die Rede rollt im jambischen Grundmaß der Terzine und im lebhaften Tempo dahin. Der metrische Umschlag macht den mächtig einsetzenden Impetus nach vorwärts sinnlich erlebbar, im Kontrast zur Gehaltenheit der trochäischen Verse, die man noch nachklingend von den Geisterstrophen her im Ohr hat. In den ersten Zeilen der neuen Fauststrophen modellieren die Eingangssenkungen den Eindruck der anspringenden psychischen Dynamik im faustischen Bewußtsein besonders kräftig heraus. Sie wirken wie immer neue Anläufe...

Zunächst die übereinander herstürzenden, sich aufgipfelnden Wortwiederholungen. Des Lebens Pulse schlagen frisch lebendig – von tausendstimmigem Leben – und in tiefsinniger Entsprechung in der allerletzten Zeile das eigentliche Quell- und Entfaltungswort der Versgruppe noch einmal, das so fromm beschwörend schon im Anfang des Monologs erklungen ist: Am farbigen Abglanz haben wir das Leben. Bedeutsam klingt es zweimal in der Reimbildung ineinander: streben – Leben; und: Bestreben – Leben. Es zeigt sich wieder die Häufung, die verdoppelnde und damit intensivierende Aufschichtung im beschwörenden An- und Ausrufen der dinglichen Phänomene: Tal aus, Tal ein – auch Farb' an Farbe – Ein Feuermeer... welch ein Feuer – Von Sturz zu Sturzen – Schaum an Schäumen. Im gleichen Zusammenhang stehen die sich anhäufenden gleichen Laute und Lautgruppen: Des Lebens Pulse schlagen frisch lebendig – Du regst und rührst – ertönt von tausendstimmigem Leben – Tal aus, Tal ein – Erfüllungspforten findet flügeloffen. – Ein Flammenübermaß... betroffen – Des Lebens Fackel wollten wir – Ein Feuermeer... welch ein Feuer. Die Kompositen häufen sich auf engerem Raum. Der dynamische Verbalismus erfährt eine äußerste Steigerung, entfaltet sich im üppigsten Reichtum. In dreißig Versen unter neunundvierzig läuft der Vers aus in einer Verbalform oder einem substantivierten Infinitiv, gegen zwölf unter zweiunddreißig im Elfenchor. Ein Gewimmel von aktivierenden Verbalformen füllt die Strophen. In einer einzigen stehen nacheinander: durchbrausend, sich ergießend, sausend, ersprießend, zerfließend, verbreitend.

Die Bewegungs- und Handlungswörter strotzen geradezu von richtunggebenden oder kraftsteigernden, irgendwie die Dynamik und Intensität der Vorstellung energisierenden Präfixen, wie er- und ent- usw.: erquickt, erschlossen, ertönt, ergossen, entsprossen, versenkt, durchdrungen, zugerungen, entzünden, umschlingt, umwinden, durchbrausend, sich ergießend, zerfließend, verbreitend.

Wie die neu entfesselte Dynamik des faustischen Strebens sich ausdrückt in der neuen Dynamik seiner Sprache, so stellt die Sprache des Faust-Monologs auch in ihren klanglichen Beschaffenheiten die innere Verbindung von Faust und Natur, von Ich und landschaftlicher Umwelt her. Auch die Sprache Fausts produziert, wie die der Geister vorher, das szenische Geschehen in ihrer eigenen Klangmaterie."

Im Gegensatz zu der Ekstase und dem „Vibrato" des die Fülle und Sinnlichkeit des Universums umfassenden Faust-Monologs stehen die kühlen, gedanklich zugespitzten, wissenschaftlich und antithetisch aufspaltenden, dialektischen Verse des Homunkulus im zweiten Akt von „Faust II":

Wenn sich das Tier noch weiter dran ergetzt,
So muß der Mensch mit seinen großen Gaben
Doch künftig reinern, höhern Ursprung haben...
Was man an der Natur Geheimnisvolles pries,
Das wagen wir verständig zu probieren,
Und was sie sonst organisieren ließ,
Das lassen wir kristallisieren.

Einen ganz anderen Tonfall als diese schematisch abstrahierende, begriffliche Sprachgebärdung haben dagegen die verlockenden, von sinnlicher Anschauung erfüllten Worte des Homunkulus, mit denen er in Fausts Traumbewußtsein die herrliche Vision von Leda und dem Schwan hervorruft, obzwar ohne Nennung der griechischen Namen und Örtlichkeiten.

... Frauen, die sich entkleiden,
Die allerliebsten! — ...
Des edlen Körpers holde Lebensflamme
Kühlt sich im schmiegsamen Kristall der Welle...
Der Schwäne Fürsten ihrem Knie sich schmiegen,
Zudringlich zahm...
Verbräunt Gestein, bemodert widrig,
Spitzbögig, schnörkelhaftest, niedrig...
Waldquellen, Schwäne, nackte Schönen...
An großer Fläche fließt Peneios frei,
Umbuscht, umbaut, in still- und feuchten Buchten...

„Wir spüren im Augenblick der Vision vom Ursprung der schönsten Griechin eine überraschend auftretende klangliche Fülle und Wärme in den Homunkulus-Versen, eine sinnliche Plastik der geistigen Anschauungen... Die Verse überwältigen uns nicht nur wie ein Wunder von organisierender Bildkraft, sondern sie strahlen zugleich eine beglückende Harmonie aus, ein Wohlgefühl, das von der wunderbaren Abstimmung, dem wohllautenden Zusammenklang aller Teile untereinander und im ganzen — im Rhythmischen, Klanglichen, Sprachlich-Stilistischen, Grammatisch-Syntaktischen — herkommt.

Des edlen Körpers holde Lebensflamme
Kühlt sich im schmiegsamen Kristall der Welle.

Das Wunder dieser wenigen Verse verzaubert uns für wenige Augenblicke in Helenas kommendes Reich und läßt uns vorausahnen, was Faust und Homunkulus dort begegnen wird. In diesen paar Versen begegnet uns wie keimhaft verborgen, fern jeder rationalen Erkennbarkeit, das Weltverständnis und Lebensgefühl, dem Faust auf der Wanderung nach Hellas sich eben jetzt zuwendet, und das vielleicht Möglichkeiten der Erlösung für ihn enthält. . ."

Erich Trunz verweist darauf, daß es in „Faust II" auch Partien gibt, „in welchen das Schema regelmäßiger Versarten genau eingehalten ist, und zwar immer da, wo es sich um Konvention handelt, um Gesellschaft, Spiel, Virtuosität, zur zweiten Natur gewordene Kunst. So singen in der Mummenschanzszene die Gärtnerinnen, von Mandolinen begleitet:

> Euren Beifall zu gewinnen,
> Schmückten wir uns diese Nacht,
> Junge Florentinerinnen
> Folgten deutschen Hofes Pracht . . .
> Niedlich sind wir anzuschauen,
> Gärtnerinnen und galant;
> Denn das Naturell der Frauen
> Ist so nah mit Kunst verwandt . . .

Das ist Sprachmusik wie ein Menuett, Konvenienz und Glanz in vorbestimmter Form, die zum Spiel, zur Virtousität, zur Beherrschung wird; wie passen hierher die Fremdwörter ‚galant, Naturell'! Da wäre ein faustischer Rhythmenwechsel nicht am Platze. In solcher Weise sind die Rhythmen mit Charakteren, Stimmungen und gesellschaftlichem Gefüge verbunden."

Die Vielgestaltigkeit der Sprache und Metrik, die den Gestalten der Klassischen Walpurgisnacht zu ihrer Verlautbarung dient, läßt sich hier nur andeuten. Jede der verschiedenen Gestalten redet in der ihr eigenen, ihrem Charakter und ihrer Funktion angemessenen Weise. Dabei gleiten die Verse und Versmaße allmählich – dem Weg Fausts gemäß – aus nordisch-deutschem Sprachton in einen antikisierenden Sprachton hinüber.

Mit dem dritten Akt sind wir in Griechenland selbst, und Helena betritt die Bühne, im Vers der hohen griechischen Tragödie redend, dem jambischen Trimeter – einem schweren melodischen Sechstakter, der feierlich dahinrollt. Goethe hat diesen dritten Akt bewußt im Stil der antiken Dramen eines Äschylos, Sophokles und Euripides geschrieben und dabei nicht nur Sprachton und Metrik, sondern auch die Dialogführung (Monologe und Dialoge mit Stichomythie), Chorpartien und den dramatischen Aufbau der griechischen Tragödie exakt nachgeahmt.

Helenas jambischem Trimeter setzt Faust seinen nordisch-klassischen Blankvers und seine altdeutschen Reimpaare entgegen; die geistige Vereinigung Helenas mit Faust deutet sich darin an, daß Helena – ein genialer Einfall Goethes! – Fausts Reimtechnik übernimmt.

Helena: Vielfache Wunder seh ich, hör ich an.
Erstaunen trifft mich, fragen möcht ich viel.
Doch wünscht ich Unterricht, warum die Rede
Des Manns mir seltsam klang, seltsam und freundlich:
Ein Ton scheint sich dem andern zu bequemen,
Und hat ein Wort zum Ohre sich gesellt,
Ein andres kommt, dem ersten zu liebkosen.

Faust: Gefällt dir schon die Sprechart unsrer Völker,
O so gewiß entzückt auch der Gesang,
Befriedigt Ohr und Sinn im tiefsten Grunde.
Doch ist am sichersten, wir üben's gleich:
Die Wechselrede lockt es, ruft's hervor.

Helena: So sage denn: w i e sprech ich auch so schön?

Faust: Das ist gar leicht: es muß von Herzen gehn!
Und wenn die Brust von Sehnsucht überfließt,
Man sieht sich um und fragt –,

Helena: wer mitgenießt.

Faust: Nun schaut der Geist nicht vorwärts, nicht zurück;
Die Gegenwart allein –

Helena: ist unser Glück.

Faust: Schatz ist sie, Hochgewinn, Besitz und Pfand;
Bestätigung, wer gibt sie?

Helena: Meine Hand!

Ein dreifacher Versuch, eine dreifache Probe, Helena hat sie bestanden; sie hat die deutsche Reimtechnik begriffen und erlernt: So drückt Goethe symbolhaft die Verschmelzung der antiken mit der germanisch-deutschen Dichtkunst aus.

Ganz anders Euphorion, dessen Hüpfen, Springen und Fliegen das Sich-Lösen aus den Banden des Irdischen, das Sich-Befreien des Geistigen, der Poesie schlechthin, von allen Zwängen und Bindungen bedeutet. Versmaß und Haltung der antiken Tragödie werden in den Euphorionszenen aufgegeben zugunsten eines musikalischen, librettohaften Stils; an die Stelle der lang dahinrollenden jambischen Trimeter und schweren trochäischen Tetrameter, die den „Geist strenger Messung, regelvoller Bindung und Durchgliederung", „archaischer Herbheit, Einfalt und Rauhigkeit" versinnbildlichen, treten nun Duette und Terzette, leichte Daktylen, die den Tanzschritt nachahmen und stärkste Lebendigkeit zum Ausdruck bringen, bis schließlich die ganze Szene sich in schnellfüßigen Achthebern verflüchtigt.

Eben hieß es noch:

Euphorion: Träumt ihr den Friedenstag?
Träume, wer träumen mag!

Chor: Heilige Poesie!
Himmelan steige sie!

Euphorion: Dorthin! Ich muß! Ich muß!
Gönnt mir den Flug!

Chor: Ikarus! Ikarus!
Jammer genug!

Jetzt, am Schluß der Szene, heißt es:

Chor: Wir in dieser tausend Äste Flüsterzittern, Säuselschweben
Reizen tändelnd, locken leise wurzelauf des Lebens Quellen.

Das Helena-Erlebnis hat Faust so tief beeindruckt, daß im vierten Akt der jambische Trimeter bis zum Ende des ersten Faust-Monologs noch weiterklingt. Kurt May bemerkt: „Im Ablauf des Monologs wandelt sich die Sprache Faustens derart, daß nur noch die antikisierende Rhythmik bleibt, dagegen sich die Sprechweise allmählich entantikisiert nach der früheren, ersten Faustsprache hin." Die Hofszenen, insbesondere die Belehnungsszene, werden dem Charakter des Etikettenhaft-Protokollarischen gemäß von steifen, pomphaft-barocken Alexandrinern untermalt.

Daß die Ausdrucksweise Mephistos stets von Ironie und Sarkasmus durchtränkt ist, versteht sich wohl von selbst; emotionale Versionen kommen in seinen Versen nicht vor. So sagt er zum Beispiel:

O weh! Hinweg! Und laßt mir jene Streite
Von Tyrannei und Sklaverei beiseite!
Mich langweilt's; denn kaum ist's abgetan,
So fangen sie von vorne wieder an,
Und keiner merkt: er ist doch nur geneckt
Vom Asmodeus, der dahintersteckt.
Sie streiten sich, so heißt's, um Freiheitsrechte:
Genau besehn, sind's Knechte gegen Knechte.

Oder im vierten Akt, nach Fausts Rückkehr vom Erlebnis der Schönheit in Griechenland:

Und also willst du Ruhm verdienen?
Man merkt's: du kommst von Heroinen!
Doch werden sich Poeten finden,
Der Nachwelt deinen Glanz zu künden,
Durch Torheit Torheit zu entzünden...

Der zersetzende, aufspaltende Charakter der Diktion Mephistos bleibt auch im letzten Akt der Tragödie erhalten.

Herbei, herbei! Herein, herein!
Ihr schlotternden Lemuren,
Aus Bändern, Sehnen und Gebein
Geflickte Halbnaturen!
Wie man's für unsre Väter tat,
Vertieft ein längliches Quadrat!
Aus dem Palast ins enge Haus:
So dumm läuft es am Ende doch hinaus.

„Großartige sprachliche Leistungen des Spätstils Goethes" sehen Erich Trunz und Kurt May in der Diktion der Philemon-und-Baucis-Szene sowie in der Szene „Faust und die Sorge".

Zu ersterer führt Trunz aus: „Die Heiterkeit des Alters, Begrenztheit, Geborgenheit, Ruhe wird Klang in den kurzen trochäischen Viertaktern... Sprachlich eine gewisse Umständlichkeit des Alters: die Sätze schlicht-aufzählend aneinander gereiht, wo der Reim schließt, endet auch der Satz." May spricht von einem „hohen Maß von Naivität, von letzter kindlicher Einfalt; diese Sprache hebt sich von der formelhaft erstarrten, konventionell zeremoniösen Hofsprache ebenso ab wie vom Impetuoso der faustischen Diktion".

„Diese noch in alter Kraft", auch in der Szene mit den vier grauen Weibern und der Sorge, „die Stimme der Sorge dagegen hoch, gleichmäßig, einlullend, eine wahre Litanei; die anapästisch-daktylischen Verse der vier grauen Weiber marionettenhaft-mechanisch, abgezirkelt. Erst am Schluß, wo die Sorge unmittelbar auf Faust eindringt, springen auch ihre Verse ins jambische Metrum um. Die Antithesen im Munde der Sorge... dienen dazu, genau wie in der Diktion des Mephisto, vorgestellte Ganzheiten aufzuspalten..."

In der Szene „Grablegung" und vor allem in der Schlußszene „Bergschluchten" erleben wir eine letzte, höchste Steigerung in sprachlicher und metrischer Hinsicht, ein „gewaltiges Aufgebot von Klängen, Farben, Formen und Räumen".

In der Szene „Grablegung" streiten die Teufel mit den Engeln. Das allegorische Fragespiel der Lemuren – im Anklang an die Totengräber-Worte im „Hamlet" – bildet den metrisch bewegten Auftakt; es folgen die jambischen Madrigalverse Mephistos, die schließlich von den vierhebigen Chorversen der Engel übertönt werden:

> Wendet zur Klarheit
> Euch, liebende Flammen!
> Die sich verdammen,
> Heile die Wahrheit,
> Daß sie vom Bösen
> Froh sich erlösen,
> Um in dem Allverein
> Selig zu sein!

In den Ohren Mephistos freilich sind diese Verse „Mißtöne", ist diese himmlische Melodie „garstiges Geklimper". Die feierliche Hymnik der Engelchöre tönt aber hinüber in die letzte Szene „Bergschluchten".

Genial der Einsatz: auch hier – wie bei den Engelchören – eigentlich keine Daktylen, sondern eher trochäische Viertakter, die eine langsam aufsteigende, stetige Bewegung verdeutlichen. Es ist, als ob man, wie schon gesagt wurde, in einer Kabinenbahn oder in einem Sessellift im Hochgebirge aufwärts schwebt und die entgegenkommenden Wälder, Felsen und Wurzelwerke an sich vorbeiziehen sieht.

> Waldung, sie schwankt heran,
> Felsen, sie lasten dran,
> Wurzeln, sie klammern an,
> Stamm dicht an Stamm hinan.

Man vergegenwärtige sich auch einmal, losgelöst von den Worten selbst, die Vokalharmonie dieser wenigen Zeilen, um ihre Musikalität zu erfühlen:

> a – u – i – a – e – a
> e – e – i – a – e – a
> u – e – i – a – e – a
> a – i – a – a – i – a

Es würde hier zu weit führen, wollten wir Diktion und Metrik dieser Szene, wollten wir die Äußerungen der einzelnen Gestalten, die sie beleben, analysieren. Nur auf einen anderen Vierzeiler, die berühmten

Worte, die nach Goethe den Schlüssel zu Fausts Rettung enthalten, sei noch verwiesen:

Gerettet ist das edle Glied
Der Geisterwelt vom Bösen:
Wer immer strebend sich bemüht,
Den können wir erlösen!

Die „Vokalharmonie" dieser Verse lautet folgendermaßen:

e – e – e – i – a – e – e – i
e – ei – e – e – o – ö – e
e – i – e – e – e – i – e – ü
e – ö – e – i – e – ö – e

In diesen rhythmisch freudig bewegten Versen herrschen die hellen Vokale e, ö, ei und i entschieden vor; keine dunklen Vokale, wie sie etwa die Eingangsverse zu der Szene „Bergschluchten" beherrschten, trüben oder verdunkeln den beglückten Gesang der Engel, die in der höhern Atmosphäre schwebend, Faustens Unsterbliches nach oben tragen.

In dieser Weise sind alle Verse, die in dieser Szene gesprochen werden oder, besser gesagt, erklingen, für ihre Träger charakteristisch. Kurt May: „Faust selbst bleibt stumm; seine Seele befindet sich im Zustand der Bewußtlosigkeit. Der Pater profundus, die Engel, die Büßerin Gretchen gebrauchen gereimte jambische Viertakter; die seligen Knaben, der Doctor Marianus, die Büßerinnen, die Una Poenitentium singen in Tripodien; andere Personen und Gruppen äußern sich in gereimten trochäischen Viertaktern und sogenannten ‚falschen Daktylen' – bis schließlich der Chorus mysticus alles in die geheimnisträchtigen, gleichnisträchtigen Worte, die das Unbeschreibliche zu beschreiben versuchen, bindend zusammenfaßt."

„FAUST II" – EIN FIGURENSPIEL UND KOMPENDIUM ENZYKLOPÄDISCHEN WISSENS

(Aus einem Aufsatz von Victor Lange, „Faust – Der Tragödie zweiter Teil". In: Walter Hinderer (Hrsg.), Goethes Dramen, Stuttgart 1980)

Goethe war sich der Vieldeutigkeit seines „Faust" nicht nur bewußt, er neigte vielmehr dazu, sie als Bedingung jedes kritischen Verständnisses vorauszusetzen und mit einer gewissen Freude am hintergründigen Geheimnis oft genug in Briefen und Gesprächen auf sie anzuspielen. Er wußte, daß in der Entfaltung der historisch vorgeformten Faust-Materie stoffliche Erwartungen zu befriedigen waren; vor allem aber lag ihm daran, die traditionellen Bezüge der Biographie des Magiers – Macht, Geschichte, Wissen, Glaube, Schönheit, Kunst, Natur – zum Anlaß einer umfassenden Bestandsaufnahme und Kritik der nachklassischen Zeit, ja des modernen Bewußtseins überhaupt zu nehmen . . .

Der zweite Teil muß als eine Kette von „Metaphern" verstanden werden, deren Zusammenhang weniger durch die Figur Fausts als vielmehr durch immer wieder ausgelotete und umschriebene Grundvorstellungen Goethes zur Problematik der Moderne hergestellt wird. Die Personen, ob Faust selbst oder der Kaiser, ob Thales, Helena oder Philemon und Baucis, mögen sich als bekannte und historisch vorgeformte Gestalten oder als Vertreter scheinbar selbstverständlicher allgemeiner Verhaltensweisen aufführen, sie fungieren nicht als handelnde Charaktere, sondern im wörtlichen Sinn als „Redefiguren", die nicht so sehr über sich, als durch sich dasjenige aussagen, was jeweils als Aspekt der Bedeutungszusammenhänge einsichtig gemacht werden soll: Goethe denkt im zweiten Teil „nicht in Personen, sondern in Funktionen, denen er den Namen der Person erteilt". Sie sind Träger von Ideen, die teils allegorisch, teils symbolisch sich in Sprechakten mehr als durch pragmatisch-konsequentes Handeln darstellen und explizieren . . .

„Faust II" wird damit zu einem Figurenspiel von höchster künstlerischer Logik, in dem die Gestalten, die uns unmittelbar oder in ihrer historisch-mythischen Funktion vertraut sein mögen, durch ihr Handeln als Maske und ihre subtil pointierte sprachliche Selbstdarstellung zur Deutung herausfordern. Im Sinne von Goethes Kunsttheorie verhüllt die Kunst in einem Schleier das, was bedeutungsvoll begreifbar gemacht werden soll . . .

Die Figuren, die im zweiten Teil des „Faust" in so erstaunlicher Zahl episodisch aufgeführt werden, sind nicht so sehr Personen, die sich durch ihr Handeln zu erkennen geben und engagieren, als vielmehr Chiffren oder Evokationen innerhalb eines Systems von Bedeutungen, die, wie in jedem „symbolistischen" Werk, Aussagekraft durch angebotene bildliche und rhetorische Korrespondenzen gewinnen. Durch diese Methode der „Anspielung" erhält das Werk seinen eigentümlichen Zitiercharakter: es will, über alle figürliche und szenische Darstellung hinaus, Sinn und Sinnbezüge herstellen. Für die Deutung ist daher die Geschehnisfolge an sich weniger wichtig als der Blick auf die in den sprachlichen und metaphorischen

Materialien enthaltenen und bildungsgeschichtlich gerechtfertigten Aussagewerte.

„Faust II" ist das Produkt einer literarischen Kultur, in der Wissensbereiche von Naturwissenschaft, Philosophie, Theologie, Volkswirtschaft, Medizin usw. integriert aufgehoben sind. Spezifischer als der erste Teil ist der zweite ein eminent literarisches Werk, dessen Verständnis vom Nachvollziehen und Deuten literarischer, daß heißt sprachlicher Elemente und literarischer Tradition abhängt ... Es versteht sich von selbst, daß das enorm umfangreiche Corpus von Material, auf das im „Faust II" so konsequent angespielt wird, ein Wissen von außerordentlicher Breite und Tiefe voraussetzt ... Insofern ist „Faust II" ein enzyklopädisches Werk, in das alle Gebiete zeitgenössischen Wissens eingeschmolzen sind, insofern wird der Charakter dieses Wissens selbst, wird die kritische Frage nach dem Stellenwert dieses Wissens zu einem der zentralen Themen des Gedichtes. Wie viele Wissengebiete zumindest punktuell hier berührt werden, bedarf kaum eines ausdrücklichen Nachweises: sie erstrecken sich, um nur einige zu nennen, von Kosmologie, Astronomie, Geographie, Geologie und Volkskunde zur Politik, zur diplomatischen und militärischen Strategie und zur Finanzwirtschaft, von der Weltgeschichte zu der der Künste und Stilformen, von einer Kenntnis des Theaters, der Musik und des Tanzes zu den Verkehrsformen der höfischen Gesellschaft, der Kirche und der Geheimbünde. Durch die Instrumente der Rhetorik und Poetik wird das Sprechen von der Welt jenseits ihrer Faktizität zum Gegenstand der gemeinsamen Betrachtung und des Erlebens; Philosophie und Theologie bilden den begrifflichen Grund, auf dem ein Kosmos von höchster Wirklichkeitsdichte in seiner Ordnung wie seiner Fragwürdigkeit ausgebreitet erscheint ... Im zweiten Faust, vor allem den zwei zentralen Szenen des Gedichts, der Klassischen Walpurgisnacht und der Begegnung von Faust und Helena, wird zutiefst problematisierte Antike in ihrer Faszination, ihrer bewundernswerten Größe und ihrer überzeitlichen Potenz als Gegenstand des subjektiven, ambivalenten Erlebens und Reflektierens, als Stachel im Bewußtsein des modernen Menschen, in dichterischen Bildern objektiviert.

Die seit je vieldeutige Gestalt der Helena war für Goethe der Schlüssel zur Welt des zweiten Teils; an der zureichenden Ausarbeitung und Verzahnung dieser phänomenalen Gestalt mußte alles gelegen sein. „Dieser Gipfel [...] muß von allen Punkten des Ganzen gesehen werden und nach allen hinsehen". Die Vergegenwärtigung der klassischen Substanz geschieht durch historische oder mythische Figuren und Ereignisse, die im Kanon der bildenden Kunst verfügbar waren.

Wenn Goethe diese mythologischen Gestalten sorgsam nach ihrer sinnlichen Wirksamkeit auswählt – „ich hüte mich und nehme bloß solche, die bildlich den gehörigen Eindruck machen“ –, so behandelt er sie doch mit größter Freiheit; er ergreift Elemente der Überlieferung, der Sage, des Märchens oder gar der christlichen Rezeption und ordnet diese Aspekte innerhalb seiner dichterischen Absicht zu einer Figur, zu deren wesentlicher Funktion es gehört, sich selbst als Bedeutungsgestalt zu explizieren. Wie die inhaltlichen und formalen Aspekte der Antike, so sind auch die des naturwissenschaftlichen Wissens Material für das Zitieren und Anspielen, für das Konkretisieren und Organisieren von Problemkomplexen. Die zentralen Kategorien des Goetheschen Denkens, Metamorphose, Polarität und Steigerung, Analogie, Organismus und Entelechie, werden in „Faust II“ zu strukturbildenden Elementen des Gedichtes. Darüber hinaus aber bestimmen Form, Absicht und Ergebnis von Goethes Naturerkenntnis die Funktion der poetischen Aussage und Mitteilung: vorzügliche neuere Studien zu diesem höchst wichtigen Verfahren lassen die Fülle von Vokabeln und Metaphern erkennen, die, aus Goethes Schriften zur Naturwissenschaft stammend und Gedankengänge seiner Farbenlehre, Mineralogie, Meteorologie und Botanik andeutend, die Ordnungsformen des Faustischen Verhaltens zur Welt liefern.

Hier wie in der Evokation antiker Gestalten will Goethe vor allem die begriffliche Verallgemeinerung, die Ideenstruktur, aus dem konkreten Detail ableiten, das Reale als Evidenz des Typus, das Gesetzmäßige als Ergebnis der erkennenden und ihrerseits bildschaffenden Einbildungskraft. Das Wissen in seiner unabschätzbaren Vielfalt stellt dem Dichter das Material für das fest und engmaschig geknüpfte Bedeutungsnetz seines Werkes zur Verfügung.

Zu diesen vorgegebenen und zu integrierenden Stoffen der antiken Überlieferung und der naturwissenschaftlichen Beobachtung und Beschreibung kommen die Gegenstände des eigentlichen literarischen Wissens, zeitgenössische oder fernerliegende dichterische Reminiszenzen, die Verwendung von Inhalten und Ausdrucksmitteln der europäischen und orientalischen Literatur, vor allem aber die souveräne Beherrschung eines überwältigenden Apparates von Versformen und Rhythmen. Vom Madrigal- und Blankvers, von leichten liedhaften Strophen, wie wir sie aus dem Divan kennen, zu Anklängen an Dante in den Terzinen, den zu allerletzt verfaßten barocken herrscherlichen Antithesen der fast 200 Alexandriner des Kaisers und seiner Staatsmänner, zu Helenas Trimetern, den jambischen Fünffüßlern und schließlich den romantischen Reimstrophen der

Himmelfahrt Fausts fesseln immer neue Wunderwerke an Rhythmus und Reimkunst die Aufmerksamkeit des Lesers. Faust II ist, wie Horst Rüdiger eindringlich gezeigt hat, ein ungeheures Spiegelwerk weltliterarischer Traditionen. Die Lektüre orientalischer Schriften und Calderons bot Goethe zweifellos wesentliche Anregung für die Organisation des Gedichtes: gerade die „barbarischen Avantagen" der „modernen" Dichtung rechtfertigen stoffliche und formale Kühnheiten, nicht zuletzt die revueartige Szenenfolge.

Geschichtliches, literarisches und naturwissenschaftliches Wissen ist in „Faust II" so bewußt und kunstvoll eingeschmolzen, daß nur der Blick zurück bis zur „Göttlichen Komödie" und vorwärts zu den spätzeitlichen epischen Unternehmungen von James Joyce und Ezra Pound die historische Stelle des Gedichtes einigermaßen angemessen abschätzen kann. Seine Größe liegt nicht zuletzt darin, daß hier noch einmal ein Wissensbestand von überschaubarer und geordneter Vielfalt und von konkreter Aussageresonanz innerhalb eines menschlichen Erfahrungshorizontes und seiner kulturellen Traditionen ausgebreitet und mit den Werkzeugen der genauesten Einsicht dichterisch ausgebreitet wird.

ÜBERSICHT
ÜBER KONTROVERSE BEURTEILUNGEN VON FAUSTS UTOPISCHER ZUKUNFTSVISION, WETTE MIT MEPHISTO UND ERLÖSUNG

A. Zu Fausts utopischer Zukunftsvision:

„Das letzte wär das Höchsterrungene.
Eröffn ich Räume vielen Millionen,
Nicht sicher zwar, doch tätig-frei zu wohnen . . .
Solch ein Gewimmel möcht ich sehn!
Auf freiem Grund mit freiem Volke stehn!" (V. 11562 ff.)

Apotheose einer freien menschlichen Gemeinschaft?

Soziale Zielvorstellung?

Bekenntnis zur Solidarität?

Altruistisches Bestreben?

Wendung vom Ich zum Du, vom Egoismus zum Altruismus?

Sittliche Idee des Wirkens für andere?

Machtwille und Besitzgier?

Politisch frei oder frei von Naturzwängen?

Utopie der Glückseligkeit?

Volk: nationaler Begriff oder bloßer Quantitätsbegriff?

Vision einer neuen Zeit, der Welt der Arbeit?

Bekenntnis zu einer demokratischen Lebensform?

Sozialistisches Zukunftsideal?

Aufruf zur Veränderung des alten Gesellschaftssystems?

Wille zur Weckung und Entfaltung produktiver Kräfte?

Befreiung des Menschen zum eigenen Planen und Unternehmen?

Überwindung von Klassenunterschieden zwecks Durchsetzung von Gleichheit, Freiheit, Brüderlichkeit?

Verkennung der Realität und realer Möglichkeiten?

Ironische Darstellung eines Wunschtraums?

Bloßer Illusionismus eines Phantasten?

Blindheitswahn?

Dämonischer Tätigkeitsdrang und Erlösungsbedürfnis durch vita activa?

B. Zu Fausts Wette mit Mephisto

„Werd ich beruhigt je mich auf ein Faulbett legen,
So sei es gleich um mich getan!
Kannst du mich schmeichelnd je belügen,
Daß ich mir selbst gefallen mag,
Kannst du mich mit Genuß betrügen:
Das sei für mich der letzte Tag!
Die Wette biet ich! – Topp! – Und Schlag auf Schlag!
Werd ich zum Augenblicke sagen:
Verweile doch! du bist so schön!
Dann magst du mich in Fesseln schlagen,
Dann will ich gern zugrunde gehn!
Dann mag die Totenglocke schallen,
Dann bist du deines Dienstes frei,
Die Uhr mag stehn, die Zeiger fallen,
Es sei die Zeit für mich vorbei! (V. 1692 – 1706)

Goethe am 3. November 1820 An Karl Ernst Schubarth: „Mephisto darf die Wette nur halb gewinnen."

Mephisto verliert die Wette ganz: er kann keine endgültige und vollständige Gewalt über Faust erringen.

Mephisto hat die Wette verloren: Faust hat nur ein „Vorgefühl" des Genusses des „höchsten Augenblicks" (V. 11585/6)

Faust hat die Wette verloren: er weiß endlich, was ihn fürderhin dauernd befriedigen wird. (Grund seiner Wette war, daß ihn nichts auf die Dauer zufriedenstellen könnte.)

Faust hat die Wette gewonnen: Mephisto kann ihn nicht auf den Genuß eines schönen Augenblicks festlegen; Faust „höchstes Glück" bleibt das ständige Weiterstreben, das ewige Unbefriedigtsein, der Weg in die Zukunft.

Mephisto hat die Wette gewonnen: Faust genießt den „schönen Augenblick" (den „höchsten Augenblick") als Illusion – allerdings im Augenblick des Todes. Der Zeitpunkt aber ist für Mephisto ohne Bedeutung.

Mephisto hat die Wette verloren: der „grammatische Trick", Fausts im conjunctivus potientalis gemachtes Geständnis „Zum Augenblicke dürft ich sagen: Verweile doch, du bist so schön!" beweist, daß die Bedingung der Wette nicht erfüllt ist. Man beachte auch die Konjunktive „wär" und „möcht ich sehn!" in Fausts Schlußrede.

Faust hat versagt und die Wette verloren. Seine Rettung ist allein ein Gnadenakt Gottes.

Die Tatsache, daß Mephisto den Gegenstand seiner Wette – Fausts Seele – nicht für sich vereinnahmen kann, sondern Fausts Unsterbliches den Engeln überlassen muß, zeigt, daß er nicht der Gewinner, sondern wie in der Volksdichtung der Geprellte ist.

Der Ausgang der Wette ist ambivalent: Mephisto sieht in Fausts Schlußwort eine Bestätigung dafür, daß er die Wette gewonnen hat; aber Faust spricht sein Bekenntnis erst im Moment seines Todes aus; die Wette ist damit in ihren Folgen hinfällig geworden.

C. Zu Fausts Erlösung

Mater Gloriosa:

> Komm, hebe dich zu höhern Sphären!
> Wenn er dich ahnet, folgt er nach.

Doktor Marianus:

Blicket auf zum Retterblick,
Alle reuig Zarten,
Euch zu seligem Geschick
Dankend umzuarten! (V. 12094-12099)

Fausts Seele (Entelechie) tritt, vom Irdischen, Materiellen gelöst und befreit, in den Bereich des Himmels ein.

„Der Tod hat eine reinigende Kraft,
In seinem unvergänglichen Palaste
Zu echter Tugend reinem Diamant
Das Sterbliche zu läutern und die Flecken
Der mangelhaften Menschheit zu verzehren."
(Schiller, Die Braut von Messina, V. 2732 – 2735)

In diesen Versen Schillers ist die Tatsache und Möglichkeit der Erlösung Fausts begründet.

Entscheidendes Moment für die Erlösung Fausts ist die Liebe, in ihrem Wesen als das „Ewig-Weibliche" sich manifestierend, die das „ewig schaffende göttliche Wirken der Natur" bezeugt.

Fausts Erdenleben war nur ein Vorstadium der eigentlichen Entfaltung seiner Entelechie, ein „Puppenstand" (V. 11981), den er nun überwunden hat.

Fausts Erlösung – ein Akt der ewig waltenden Natur, eine „Umartung" von Leib und Seele.

Fausts Erlösung – die fortwirkende Existenz des Geistes.
Vergl. hierzu Goethes Brief an Zelter vom 19. März 1827: „Wirken wir fort, bis wir, vor oder nach einander, vom Weltgeist berufen, in den Äther zurückkehren! Möge dann der ewig Lebende uns neue Tätigkeiten, denen analog, in welchen wir uns schon erprobt, nicht versagen! Die entelechische Monade muß sich nur in rastloser Tätigkeit erhalten; wird ihr diese zur anderen Natur, so kann es ihr in Ewigkeit nicht an Beschäftigung fehlen."

Fausts Erlösung ist somit eine „Umartung", Umwandlung im Tode zu neuer Lebensstufe, eine Metamorphose der entelechischen Monade im Prozeß ihrer rastlosen Tätigkeit.

Fausts Erlösung ist nicht „Ew'ge Ruh' in Gott dem Herrn", sondern Bewegung, Steigerung, Weiterentwicklung, ein ewiges Verlangen, das schon seinem irdischen Leben Richtung und Sinn gab.

DER BANKROTT DES TEUFELSBÜNDLERS

(Aus einem Aufsatz von Hans Blumenberg, „Faust – eine Episode?", Süddeutsche Zeitung vom 5./6. Juli 1980)

Der archaische Nimbus des Menschheitlichen fällt von der Figur ab, und sie rückt in die Begrenzungen der Epoche, deren Ursprüngen und Aufschwüngen sie zugehört. Goethe hat diesen Mangel an Zeittiefe empfunden, als er dem kleinräumigen Faust der Studierstube und der Gretchenverschuldung Welthaftigkeit zuzuführen sich entschloß. Die homerische Helena erscheinen zu lassen, gehörte schon früh zum magischen Repertoire des Nekromanten, und es ist nur konsequent, daß von der Dienstbarkeit Mephistos nun mehr Realität verlangt wird . . . Faust hat die Last seiner Mittelalterlichkeit weiter mitgeschleppt, die ihn zwischen Himmel und Hölle spannte, an die die Zeitgenossen seiner Geschichte immer weniger glauben mochten. Wie hätte sonst zum Kernstück der Arbeit an diesem Mythos werden können, dem unverfehlbar seine Verdammnis bewirkenden Teufelsbündler die Gnade der Erlösung – und mehr als diese: den Anspruch darauf – zu verschaffen? Der Magier, der als Gaukler und Scharlatan begann, mußte an der Leibhaftigkeit des Teufels festhalten, denn nur so konnte Verdammnis als der reelle Tauschwert für Enträtselung und Genuß der Welt erscheinen. Noch Marlowes Faust, die erste Grenzüberschreitung der Figur, ist er eher ein Schalksnarr und Taschenspieler als der große Neugierige, und das aus dem schlichten Grund, daß ihm die Hölle an Wissen kaum mehr zu bieten hat, als man ungefähr schon weiß. Vor allem aber fehlt dieser Episodenfolge die immanente Steigerung zur Erfüllung des Teufelspakts: der Preis wird durch bloßen Fristablauf fällig, nicht wie in Goethes größter Erfindung durch Eingeständnis des erlangten Gegenwerts.

Faust wird der Prototyp der neuzeitlichen theoretischen Neugierde. Aber noch mehr als diese macht ihn dem Zeitalter gemäß, wie er sein Risiko bewertet. Nicht wie Pascal im Argument der Wette kalkuliert Faust mit dem endlichen Einsatz auf den unendlichen Gewinn, der rationalen Formel noch für den, der nicht so recht glauben kann. Eher spekuliert er umgekehrt mit dem unendlichen Verlust auf den endlichen Gewinn, in den aber die Aufwertung der Welt zur neuen Unendlichkeit einzugehen beginnt. Das All des Wissens und der Lust auch nur für einen Augenblick zu besitzen, wird noch in jedem Zustand, der dafür droht, der Erinnerung wert.

Fausts Aufstieg aus den Niederungen seiner Anfänge beruht darauf, daß er seiner Epoche den Absolutismus der Wahrheit gegenwärtig hält. Nachdem die Gelegenheiten seltener geworden waren, für die Wahrheit zu sterben, verbildlicht sie ihren Rang in der Bereitschaft, für sie zur Hölle zu fahren – abstrakter ausgedrückt: als Alternative von Glück und Erkenntnis. An dieser Wurzel seiner Mythisierung war Faust so lange unverwundbar, wie außerhalb jeder Erwägung lag, der Ertrag der Erkenntnis könnte nicht halten, was von ihm versprochen worden war. Versprochen war, wie es die Griechen gefunden hatten und wie es in den christlichen Himmel der „glückseligen Anschauung" übernommen worden war, die Bindung des vollendeten Glücks an den Besitz der Wahrheit. Doch von diesen antikmittelalterlichen Voraussetzungen unterscheidet sich Faust darin, daß er nicht warten kann und will. Er ist es daher, der den Teufel antreibt, Knecht seiner Wünsche zu sein.

Weshalb kann und will Faust nicht warten, nicht auf die jenseitige Glorie und nicht auf den diesseitigen Fortgang der Dinge? Weil er einen Verdacht hat, den die Neuzeit vom Ausgang des Mittelalters übernommen und wie keine Epoche zuvor ernst genommen hatte: den Verdacht, es könne mit der Welt auf den Menschen nicht angekommen sein, ein gleichgültiger oder gar mißgünstiger Gott könne den Menschen mit seinem Verlangen nach Wahrheit und Glück irregeführt und im Stich gelassen oder die Heilsbedingungen unerreichbar hochgeschraubt haben. Es ist nicht mehr oder wieder der Neid der alten Götter auf die allzu Glücklichen unter den Menschen, mit denen sie ihren Schabernack getrieben und die sie in tragische Ausweglosigkeiten verstrickt hatten. Jetzt schien nicht einmal dem Entsagenden das Glück wenigstens der Wahrheit zugänglich zu sein. Das ist der Punkt, an dem Faust die Legitimität der Neuzeit verkörpert. Es gab eine Gegenmacht gegen das wesentlichste Begehren des Menschen, seine Welt zu kennen und zu genießen, und der Teufel war der einzig denkbare Verbündete weit und breit: Gegenmacht wider die Gegenmacht.

Das Teufelsbündnis ist, wenn nicht die natürlichste, so die rechtmäßigste Sache, sofern der Verschluß von Erkenntnis und Genuß der Welt einmal als Willkür verdächtigt worden ist. Deshalb ist es ein Bruch mit den Prämissen des Mythos, der leicht zu übersehen ist, wenn in der Faustiade Friedrich Maximilian Klingers von 1791 das Vertragsangebot des Teufels auf den rein menschlichen Selbstvorbehalt abgestellt ist: „Ich will dich auf die Bühne der Welt führen und dir die Menschen nackend zeigen." Da wird ein anderer Gewahrsam gebrochen als der eines auf seine Arcana eifersüchtigen Gottes.

Goethes blinder Faust, der vom Geklirr der Spaten ergötzt wird, ist nur für den Zuschauer betrogen; er ist glücklich, weil Glück subjektiv geworden ist. Aber im selben Augenblick sind alle Teufelspakte ästhetisch überflüssig geworden.

Die nach Darwin fällig gewordene Variante heißt „Der Übermensch". Er bedarf des Teufelsbundes nicht mehr, weil es nun den dezenteren Titel „Gott ist tot" gibt, um das Spiel der Gegenmächte zu beenden. Die Beziehung zu Faust hat Nietzsche selbst hergestellt, indem er ihn zur Figur der Komödie degradierte: „Faust, die Tragödie der Erkenntnis? Wirklich? Ich lache über Faust." Für diesen geschichtlichen Rückblick schrumpft die Faustgestalt zum Annex des Mittelalters, selbst in Goethes Steigerung nur zur „Darstellung des unvolkstümlichsten Rätsels, welches sich die neueren Zeiten, in der Gestalt des nach Leben dürstenden theoretischen Menschen, aufgegeben haben". Hier ist die innere Spannung der frühen Gestalt des Epikureers Faust zerbrochen, der seine theoretische und seine erotische Neugierde nur deshalb gleichermaßen befriedigen konnte, weil er das erst von Nietzsche im Innersten der Wissenschaft entdeckte asketische Ideal nicht einmal erahnte. Sonst hätte er die Dreingabe des Seelenheils als bloße „Umbesetzung" an der Stelle der einstmals gottgefälligen Weltverachtung erkannt.

„FAUST II" HEUTE

(Aus: Edgar Neis, Klassiker wieder aktuell?, Herderbücherei 9322, Freiburg/Breisgau 1979)

Am 17. Februar 1831 sagt Eckermann zu Goethe:

> „Es kommt doch in diesem zweiten Teil eine weit reichere Welt zur Erscheinung als im ersten."

Worauf Goethe antwortet:

> „Ich sollte denken. Der erste Teil ist fast ganz subjektiv; es ist alles aus einem unbefangeneren, leidenschaftlicheren Individuum hervorgegangen, welches Halbdunkel den Menschen auch so wohl tun mag. Im zweiten Teil aber ist fast gar nichts Subjektives, es erscheint hier eine höhere, breitere, hellere, leidenschaftslosere Welt, und wer sich nicht umgetan und einiges erlebt hat, wird nichts damit anzufangen wissen."

Als ein durch einen Heilsschlaf, als ein durch die Natur der „anmutigen Gegend" Erneuerter tritt uns Faust zu Beginn des I. Aktes im zweiten Teil der Dichtung entgegen. Walter Henze (S. 117) fragt, ob Fausts Heilung ein natürlicher oder ein mystischer Vorgang sei, ob die Kontinuität seiner Person überhaupt noch gewahrt sei und es moralisch zu rechtfertigen wäre, daß „des Vorwurfs glühend bittre Pfeile" so schnell entfernt werden konnten; er zitiert hierzu Goethe: „Wenn man bedenkt, welche Gräuel ... auf Gretchen einstürmten und rückwirkend Fausts ganze Seele erschüttern mußten, so konnt' ich mir nicht anders helfen, als den Helden, wie ich's getan, völlig zu paralysieren und als vernichtet betrachten, und aus solchem scheinbaren Tode ein neues Leben anzuzünden." (Goethe zu Ekkermann, undatiert, etwa Mai 1827). Faust hat das Mysterium des Todes und der Auferstehung, des „Stirb und Werde" durchlebt; er ist kein „trüber Gast mehr auf der dunklen Erde", sondern erscheint nunmehr als ein Neugeborener in einer „magischen Bruderschaft" zusammen mit Mephisto am Kaiserhof.

„Beide treten im gleichen grauen Frack auf, beide zaubern. Aber es ist fauler Zauber, was beide treiben. Faust wird, entschiedener und deutlicher als bisher, kritisiert. Er ist kein hehrer Sucher mehr, sondern ein verwegener, das Kriminelle und Hochstaplerische nicht scheuender, frevelnder Experimentator. Die Brüchigkeit, Fragwürdigkeit schmerzhafte Widersprüchlichkeit der Welt, die er durchschreitet und mitbestimmt, wird schonungslos vorgezeigt." (Rischbieter/Wendt, S. 42).
Es ist eine Welt, die durch Habgier, Bereicherung, Verschwendungssucht über ihre Verhältnisse gelebt hat, in der Geldnot, Bestechungen, Unterschlagungen und Betrügereien an der Tagesordnung sind, eine Welt, die „auf dem Vulkan tanzt" und sich durch Karnevalstreiben, Mummenschanz, durch „Parties", „Shows" und Sexualität zu betäuben und ihre Korruption und moralische Minderwertigkeit zu verdecken sucht. Von dieser Seite her Beziehungen zu unserer Gegenwart herzustellen, dürfte wirklich nicht schwer sein. Der Staat, dem Faust und Mephisto aus der Not helfen sollen, ist ein Staat im Verfall, ein Staat, der „Güter verschwendet anstatt Güter zu schaffen, der auf Trug baut anstatt auf Tätigkeit" (Beutler, S.LXIII). Diesem Staat kann nur eine Inflation, die Herstellung einer wertlosen Papiergeldflut vorübergehend „helfen"; aber da diesem Inflationsgeld (Goethe hatte die ungedeckten Assignaten der französischen Revolution vor Augen), das Mephisto herstellt, keine echte Deckung entspricht, kommt es nur zu einer Scheinblüte des Staates, der später nur umsomehr verfällt und (im IV. Akt) sich durch kriegerische Auseinandersetzungen vor dem endgültigen Untergang zu retten sucht.

Nicht der tiefsinnig philosophisch begründete Gang zu den Müttern „in der Gebilde losgebundne Reiche" und die Helena-Beschwörung ist für eine heutige Betrachtung des Werkes bedeutsam, sondern die Darstellung eines korrupten Staates, eines leichtsinnigen, verantwortungslosen Herrschers und einer demoralisierten, geilen Gesellschaft.

In diesem Sinne äußert sich Dorothea Lohmeyer:

> „Hier ist die menschliche Welt in ihrer höchsten sozialen Erscheinungsform gefaßt, als Erscheinung, die über sich hinausweist und symbolisch wird für die menschliche Welt überhaupt. Diese Welt zeigt sich in verschiedenen Situationen; sie zeigt sich in Geldnot in äußerster Verwirrung, sie zeigt sich in der Maske in ausgelassener Freude, sie zeigt sich im Geldüberfluß in einem wahren Taumel und schließlich in Unbehagen und Verlegenheit . . . (Lohmeyer, S. 29).

Über den Repräsentanten dieser Welt, den Kaiser, hat Goethe selbst – am 1. Oktober 1827 zu Eckermann – sich wie folgt geäußert:

> „Ich habe in dem Kaiser einen Fürsten darzustellen versucht, der alle möglichen Eigenschaften hat, sein Land zu verlieren, welches ihm denn auch später wirklich gelingt. Das Wohl des Reiches und seiner Untertanen macht ihm keine Sorge; er denkt nur an sich und wie er sich von Tag zu Tag mit etwas Neuem amüsiere. Das Land ist ohne Recht, das Heer ist ohne Sold, die Staatskasse ist ohne Geld. Hier ist nun das wahre Element für Mephisto."

Immer wieder geht es um Probleme der Herrschaft, der Macht, des Geldes und Goldes, des Reichtums, der Lust, des Genusses, des Rechts und Unrechtes, des Erwerbs und Verlusts. Die Aktualität der Verse ist unüberhörbar. Wir zitieren einige von ihnen:

> Doch ach! Was hilft dem Menschengeist Verstand,
> Dem Herzen Güte, Willigkeit der Hand,
> Wenns fieberhaft durchaus im Staate wütet
> Und Übel sich in Übeln überbrütet?
> Wer schaut hinab von diesem hohen Raum
> Ins weite Reich, ihm scheints ein schwerer Traum,
> Wo Mißgestalt in Mißgestalten schaltet,
> Das Ungesetz gesetzlich überwaltet
> Und eine Welt des Irrtums sich entfaltet. (V. 4778 – 4786)

> Zuletzt ein wohlgesinnter Mann
> Neigt sich dem Schmeichler, dem Bestecher;
> Ein Richter, der nicht strafen kann,
> Gesellt sich endlich zum Verbrecher. (V. 4803 – 4806)

Wohin man kommt, da hält ein Neuer Haus,
Und unabhängig will er leben;
Zusehen muß man, wie ers treibt:
Wir haben so viel Rechte hingegeben,
Daß uns auf nichts ein Recht mehr übrig bleibt.
Auch auf Parteien, wie sie heißen,
Ist heutzutage kein Verlaß;
Sie mögen schelten oder preisen,
Gleichgültig wurden Lieb und Haß. (V. 4836 – 4844)

Wir wollen alle Tage sparen
Und brauchen alle Tage mehr
Und täglich wächst mir neue Pein . . .
Die Deputate, sichre Renten,
Sie gehen noch so ziemlich ein. (V. 4853 – 4861)

Und wie ein jeder böser Zahler
Weit mehr Begierden hat als Taler,
Da bleibt dem Manne viel zu dulden:
Wo er nur hinsieht, da sind Schulden. (V. 5656 – 5659)

Die Schulden werden durch ,,Schatzanweisungen" getilgt; mit Hilfe dieser erwirbt man auch noch Grundbesitz:

Ein solch Papier, an Gold und Perlen Statt,
Ist so bequem, man weiß doch, was man hat;
Man braucht nicht erst zu markten noch zu tauschen,
Kann sich nach Lust in Lieb und Wein berauschen.
Will man Metall: ein Wechsler ist bereit,
Und fehlt es da, so gräbt man eine Zeit.
Pokal und Kette wird verauktioniert,
Und das Papier, sogleich amortisiert,
Beschämt den Zweifler, der uns frech verhöhnt.
Man will nichts anders, ist daran gewöhnt. (V. 6119 – 6128)

Da seht nur her: Ist das wohl Geldeswert?
Du hast dafür, was Schlund und Bauch begehrt.
Und kaufen kann ich Acker, Haus und Vieh?
Versteht sich! Biete nur: das fehlt dir nie.
Und Schloß mit Wald und Jagd und Fischbach? – Traun!
Ich möchte den gestrengen Herrn wohl schaun!
Heut abend wieg ich mich im Grundbesitz!
Wer zweifelt noch an unsres Narren Witz! (V. 6165 – 6172)

Merkwürdig, daß viele Faust-Kommentare die Schilderung der Realität dieses dekadenten, am Rande des Ruins stehenden und nur durch eine finanzielle Geldspritze zu einer kurzen, trügerischen Scheinblüte gebrachten Staatswesens kaum berücksichtigen, um dafür ausschließlich Fausts Streben nach dem Schönen darzustellen; bietet doch gerade die Betrachtung der Szenen Kaiserliche Pfalz und Lustgarten Anlaß dazu, Parallelen zu unserer Gegenwart aufzuspüren.

Dies ist auch in der Laboratoriums-Szene des zweiten Aktes möglich, die mit den Worten einsetzt:

> Was gibt es denn?
> Es wird ein Mensch gemacht.
> Ein Mensch? Und welch verliebtes Paar
> Habt Ihr ins Rauchloch eingeschlossen?
> Behüte Gott! Wie sonst das Zeugen Mode war,
> Erklären wir für eitel Possen.
> Der zarte Punkt, aus dem das Leben sprang,
> Die holde Kraft, die aus dem Innern drang
> Und nahm und gab, bestimmt, sich selbst zu zeichnen,
> Erst Nächstes, dann sich Fremdes anzueignen,
> Die ist von ihrer Würde nun entsetzt;
> Wenn sich das Tier noch weiter dran ergötzt,
> So muß der Mensch mit seinen großen Gaben
> Doch künftig reinern, höhern Ursprung haben. (V. 6835)

Nicht mehr Zeugung eines Menschen „in der Liebesnächte Kühlung, die dich zeugte, wo du zeugtest", sondern

> Was man an der Natur Geheimnisvolles pries,
> Das wagen wir verständig zu probieren,
> Und was sie sonst organisieren ließ,
> Das lassen wir kristallisieren. (V. 6857 – 6860)

Kurt May weist darauf hin, wie schon in der Sprachform

> „Der Wahn, auf mechanischem Wege Leben machen zu können, hier als die reinste Ausgeburt einer selbstzufrieden beschränkten Gehirnlichkeit, einer enggeistigen Aufgeklärtheit erscheint, die vermeint, mit dem Wägen, Zählen, Messen und Mischen der Stoffe das Geheimnis des Lebens zu ergründen, ja sogar es zu erzeugen ... In Wagners Rede sind auf knappen Raum die antithetisch aufspaltenden Gedankengänge förmlich massiert: Tier – Mensch, Natur Geheimnisvolles – wir verständig, sie organisieren – wir kristallisie-

ren. Wie eine fixe Idee beherrscht ihn der Vorrang des Mechanischen vor dem Organischen, von Stoff vor Leben, von Machen vor Zeugen. Unter diesem Aspekt spaltet sich ihm die Wirklichkeit dialektisch auf, die er nur in solcher extrem schematischen Abstraktion zu denken imstande ist.“ (May, S. 153).

In den scharf begrifflichen Gegenüberstellungen und den Wendungen einer kalten technischen Kunstsprache verspürt man, so meint Kurt May (ebd.: 153), „die Ausbrüche eines wissenschaftlichen Denkenthusiasmus, der seine rational-empirische Forschungsarbeit von innen her antreibt. Auch er hat seinen Glauben oder Wahnglauben, auch wenn es nur der Glaube an die grenzenlose Allmacht des rechnenden, konstruierenden, experimentierenden Verstandes ist.“

Die Produktion eines menschlichen Lebewesens in einer Phiole – das ist das Unternehmen Wagners in der zweiten Szene des II. Aktes. Goethes Idee geht auf Paracelsus' Schrift „De generatione rerum naturalium“ (1616) zurück, in der Paracelsus die Ansicht vertritt, daß „der Sperma eines Manns in verschlossenen Cucurbiten (d. i. kürbisartigen Retorten) per se mit der höchsten Putrefaktion ventre equino putrefiziert werde, biß er lebendig werde und sich beweg“. Ohne uns weiter auf Goethes Stellung zu diesem Problem und auf seine Homunculus-Vorstellung als den Vermittler zwischen Faust, Mephisto und den griechischen Heroen, als den Führer aus den nördlichen zu den südlichen Gefilden einzulassen – darüber geben die einschlägigen „Faust“-Kommentare ausführlich Auskunft –, stellen wir fest, daß auch die Laboratoriums-Szene eine gewisse Entsprechung in unserer Zeit gefunden hat: Ärzten ist es gelungen, menschliches Leben, das später im Mutterleib zur Weiterentwicklung gebracht wird, außerhalb dieses in einer Retorte, entstehen zu lassen. Wie groß der Unterschied zwischen der Herstellung des künstlichen Menschen in Wagners Phiole und der Befruchtung eines weiblichen Eies durch mit ihm in Verbindung gebrachten männlichen Samen außerhalb des Mutterleibes in einer Retorte auch sei, in beiden Fällen handelt es sich um einen biologischen Prozeß, der sich nicht auf gewohntem, normalen, naturhaften Wege vollzieht, sondern ein Akt ist, bei dem sich der Mensch Gottähnlichkeit anmaßt und der in seinen weiteren möglichen Folgen unausdenkbar, ja furchtbar ist.

Auch der IV. Akt enthüllt eine überraschende Aktualität, offenbart sich als eine große politische Vision eines durch Mißgunst, Habgier, Uneinigkeit, durch Bruderkämpfe und Bürgerkrieg sich selbst zerfleischenden Staates, als warnendes Beispiel eines durch Parteienstreit und interne Positionskämpfe gelähmten und handlungsunfähigen Gemeinwesens. Der IV. Akt knüpft an den I. Akt an: Da der Staat des Kaisers immer weiter in Verfall geraten ist, die Korruption immer weiter fortgeschritten ist, haben Unzufriedene einen Gegenkaiser gewählt, der Ordnung im Reiche schaffen soll. Faust stellt sich aber nichtsdestoweniger dem Kaiser zur Verfügung, in der Hoffnung, nach einem Sieg desselben über den Gegenkaiser mit „des Reiches Strand" belehnt zu werden, einem Gebiet, auf dem er sich ein erträumtes Reich der Freiheit für sich und seine Mitmenschen errichten will.

Mag sein, daß der Kaiser eine Wandlung durchgemacht hat, sich von seinem bisherigen Genußleben distanzieren und ein Faktor der Ordnung werden will, durch Überlegenheit – sogar im persönlichen Zweikampf – den Gegenkaiser besiegen will: trotzdem vertraut er sich Faust und Mephisto an, überläßt diesen das Weiterkämpfen. Der Gegenkaiser wird besiegt; aber der Staat des Kaisers bleibt weiter ein Staat der Korruption. Die Ich-Sucht der vier weltlichen und des geistlichen Fürsten (Erzmarschall, Erzkämmerer, Erztruchseß, Erzschenk und Erzbischof-Erzkanzler) sucht sich mit Ländereien und Pfründen zu bereichern, der Kaiser muß sein Reich stückweise „verschreiben"; auch Faust scheut sich nicht, sich durch die Plünderung des gegenkaiserlichen Heeresschatzes durch Mephistos skrupellose Gesellen Raufebold, Habebald, Haltefest und die Marketenderin Eilebeute zu bereichern und mit Land belehnen zu lassen.

Mit dem Kaiser ist er sich in kapitalistischem Gewinnstreben einig:

> Herrschaft gewinn ich, Eigentum!
> Die Tat ist alles, nichts der Ruhm. (V. 10188 – 10189)
>
> Sich selbst erhalten bleibt der Selbstsucht Lehre,
> Nicht Dankbarkeit und Neigung, Pflicht und Ehre.(V. 10393 – 10394)

Gegeißelt wird aber auch die „innere Gärung" des Volkes, die in Aufruhr ausartet:

> Man freut sich, daß das Volk sich mehrt,
> Nach seiner Art behäglich nährt,
> Sogar sich bildet, sich belehrt,
> Und man erzieht sich nur – Rebellen. (V. 10156 – 10159)
>
> Die Menge schwankt im ungewissen Geist;
> Dann strömt sich nach, wohin der Strom sie reißt.(V. 10380 – 10381)
>
> Und auf vorgeschriebenen Bahnen
> Zieht die Menge durch die Flur;

Den entrollten Lügenfahnen
Folgen alle! – Schafsnatur! (V. 10403 – 10406)

Erst sah ich einen Arm erhoben,
Jetzt seh ich schon ein Dutzend toben;
Naturgemäß geschieht es nicht. (V. 10580 – 10583)

Euer Kaiser ist verschollen,
Echo dort im engen Tal!
Wenn wir sein gedenken sollen,
Märchen sagt: Es war einmal. (V. 10493 – 10496)

Die Beziehungen dieser Verse zu Vorgängen unserer Zeitepoche sind unüberhörbar; sie können zu lebhaften Diskussionen Anlaß geben.

Als Herrscher und Gebieter über eigenes Land, über ein unermeßlich weites Küstengebiet steht Faust zu Beginn des fünften Aktes vor uns. Er überschaut sein Reich. Eine kleine Hütte eines hochbetagten Ehepaares stört ihn noch. Er befiehlt, das alte Ehepaar umzusiedeln, aber Mephisto übergibt die Hütte und ihre Bewohner den Flammen.

Abwegig erscheint daher die sogenannte „perfektibilistische" Deutung, wonach Faust, der Irrende, Strebende zuletzt doch den „rechten" Weg findet und insofern erlöst werden kann. Dieser von der Idee der stufenweisen Läuterung und Vervollkommnung bestimmten Auslegung der Tragödie können wir nicht zustimmen; einer solchen Auffassung widerspricht auch Goethes Text. Faust steht am Ende der Tragödie nicht besser, gereifter, vollkommener da als am Anfang. Seinen Gelüsten und seiner Maßlosigkeit fallen nicht nur Gretchen, Gretchens Mutter und Gretchens Bruder, sondern auch die beiden Alten, Philemon und Baucis, zum Opfer, weil Faust in bedenkenloser Ich-Sucht erklärt:

Die wenig Bäume, nicht mein eigen,
Verderben mir den Weltbesitz! (V. 11241 – 11242)

Mephisto steigert diese Ich-Sucht und Selbstgerechtigkeit mit den Worten:

Man hat Gewalt, so hat man Recht.
Man fragt ums Was und nicht ums Wie! (V. 11184 – 11185)

Faust begibt sich auf diesen Weg, auf den Weg der Gewalt, der Erpressung, der Ungerechtigkeit:

Das Widerstehn, der Eigensinn
Verkümmern herrlichsten Gewinn,
Daß man zu tiefer, grimmiger Pein,
Ermüden muß, gerecht zu sein. (V. 11269 – 11272)

Aufseher!
(Mephistopheles:) Hier!

Wie es auch möglich sei

Arbeiter schaffe Meng auf Menge!
Ermuntere durch Genuß und Strenge!
Bezahle, locke, presse bei!
Mit jedem Tage will ich Nachricht haben,
Wie sich verlängt der unternommene Graben. (V. 11551 – 11556)

Fausts Kolonisation, die Entwässerung und Trockenlegung des Strandgebietes, mit dem er belehnt worden ist, seine Landgewinnung fordern Menschenopfer:

Menschenopfer mußten bluten,
Nachts erscholl des Jammers Qual;
Meerab flossen Feuergluten:
Morgens war es ein Kanal! (V. 11127 – 11130)

Es ist eine Szene von schauerlicher Ironie, wenn der erblindete, verblendete Übermensch, der „faustische Großunternehmer", sich am Geklirr der Spaten ergötzt, stolz darauf, daß die Menge ihm „frönet", und dabei nicht merkt, daß es nicht die herbeigepreßte Arbeiterschaft ist, die den Kanal ausschachtet, sondern daß es die „schlotternden", von Mephistopheles herbeigeholten Lemuren, antike, als Skelette gedachte, ruhelose, quälende Geister sind, die ihm sein Grab schaufeln. Max Slevogt hat in einer Zeichnung dieser Situation einen beklemmenden Ausdruck gegeben.

Es fällt uns schwer, zu verstehen, daß Faust, von Ruhm und Herrscherglück geblendet, im „Vorgefühl" den „höchsten Augenblick" der Beseeligung nun zu genießen vermeint. Seine fragwürdige Kolonisation und die Unmenschlichkeiten, die sein Name deckt, haben längst ihn und seine Seele dem Teufel völlig ausgeliefert. Was berechtigt Goethe, nachdem er so sehr das egozentrische Machtstreben Fausts – in wissenschaftlicher, ästhetischer wie politischer Beziehung –, seinen Unersättlichkeitsdrang, seine immer neuen Verfehlungen und Untaten aufgezeigt hat, ihn in den Himmel zu führen und für gerettet erklären zu lassen? Goethe muß schon die göttliche Gnade „hinzukommen" lassen, um die „Parabel von der Gefährdung und Unzulänglichkeit des Menschen" (Rischbieter/Wendt, S. 43) zu einem befriedigenden Abschluß zu bringen. Wir zitieren im Anschluß an diese Betrachtung zwei Stimmen, die geeignet sind, als Diskussionsgrundlage zu dienen:

„Wir können der Überzeugung nicht ausweichen: das „Faustische“, nach dem wir schon Zeitalter und Kulturkreise benennen wollten, bedeutet die schuldbeschwerte Flucht des gescheiterten, nicht befriedbaren Geistes durch alle Räume der Welt, des Abgrunds, der Geschichte. Weder von der Welt noch von sich selbst kann Faust irgendeine Hilfe erwarten, seit er mit Frevelswort sich und die Welt verfluchte [. . .] Das Diabolische kam nicht von ungefähr an Faust heran; es ist schon in ihm: wie er die Welt zerstört, so zerstört er die Menschen [. . .] Bedenkenlos verfügt er über die erzauberte Heereskraft, über die Arbeiter am Dammbau; so hat er Gretchens Lebenskreis und die Geliebte selbst zerstört, die für die Rettung geeignete Zeit in infernalischer Gesellschaft auf dem Blocksberg versäumt und verschwelgt [. . .]

Mit dem allen wollen wir wahrlich nicht die Dichtung und den Dichter treffen, sondern den verderblichen Kultus, der dem faustischen Ideale gilt: die Apotheose des scheiternden Verbrechers. Er wurde von Goethe auf eine solche Weise gebannt und überwunden, daß er als Lebensform nicht mehr gepriesen und in Anspruch genommen werden sollte [. . .] Es müßte ganz klar sein, daß die Gefolgschaft Fausts in tiefe Schuld, in die Sünde am Geschaffenen und endlich zum „Zerscheitern“ führt; wir würden Goethes Vermächtnis mißachten, wenn wir dies nicht sagen wollten.“ (Schneider, 1946).

„Faust bleibt ein Unverbesserlicher durch das ganze Drama [. . .] Goethe hat das Thema des unverbesserlichen menschlichen Wahns tragisch gefaßt und folgerichtig durchgeführt [. . .]
(Faust wird) durch seine Bindung an den Teufel zu einem Bankrotteur und gewissenlosen Ausbeuter [. . .] und das ist für alle, die gewöhnt sind, in Faust das Symbol der Menschheit und gar des deutschen Menschen zu sehen, natürlich sehr peinlich [. . .] Fausts Weg ist nicht, wie dogmatisch geglaubt wird, als das Drama einer Entwicklung, einer inneren Wandlung, einer Erlösung angelegt, sondern die zwei großen Teile zeigen Faust im Wechsel der Lage immer als denselben, in seiner Unverbesserlichkeit Einzigen. Aber obwohl jeder dieser zwei Teile eine Tragödie für sich ist, so ist das Ganze keine Tragödie, sondern mit der Umrahmung des Prologs und des Schlusses im Himmel deutet Goethe an, daß seine Weltanschauung genügend Weite hat, um auch dieses tieftragische Bild als Kontrastwirkung seinem Kosmos einzubauen. Der tieftragische Faust wird zum Mysterium, das alle Tragik zu ewiger Ruh in Gott dem Herrn auflöst.“ [. . .] (Böhm, 1949). In diesem Sinne hat Goethe Fausts Ende gestaltet. Am 3. November 1820 schreibt er an Schubarth:

„Auch den Ausgang haben Sie richtig gefühlt. Mephistopheles darf seine Wette nur halb gewinnen, und wenn die halbe Schuld auf Faust ruhen bleibt, so tritt das Begnadigungsrecht des alten Herrn sogleich heran, zum heitersten Schluß des Ganzen."

Zum heitersten Schluß des Ganzen: Die Szene „Bergschluchten", in der die Begnadigung dem in „Schuld und Fehle" verstrickten Menschen nahezu unverdientermaßen als ein Akt der „Liebe von oben" zuteil wird, ist Abschluß und Krönung der Faust-Dichtung. Um die Mitte der fünfziger Jahre unseres Jahrhunderts hat Günther Anders behauptet: „Faust ist tot." Hans Schwerte meint das könne nur für das „Faustische" gelten. Und Hans Mayer stellt fest: „Wir sind mit dem „Faust" längst noch nicht am Ende". (Zit. nach Henze, S. 63)
Wir aber halten uns an zwei Äußerungen des alten Goethe. Am 3. Januar 1830 sagte er zu Eckermann: „Der „Faust" ist doch etwas ganz Inkommensurables, und alle Versuche, ihn dem Verstande näherzubringen, sind vergeblich." Und wenige Tage vorher, am 20. Dezember 1829: „Die Hauptsache ist, daß es geschrieben steht. Mag nun die Welt damit gebaren, so gut sie kann, und es benutzen, so weit sie es fähig ist."

ARBEITSVORSCHLÄGE

Stellen Sie dem Erkenntnisdrang, dem Lebens- und Liebesdrang Fausts im ersten Teil der Dichtung seinen Schönheitsdrang und Tätigkeitsdrang im zweiten Teil der Dichtung gegenüber. Wie beurteilen Sie diese vier verschiedenen Bestrebungen Fausts?

In der Szene „Wald und Höhle" („Faust I") bekennt Faust in bezug auf Gretchen: „Sie, ihren Frieden mußt ich untergraben! Du, Hölle, mußtest dieses Opfer haben!" War Faust nur ein Werkzeug Mephistos oder handelte er in Freiheit und damit schuldhaft? Ist er im zweiten Teil der Dichtung auch nur ein Werkzeug Mephistos oder handelt er selbständig aus eigenem Willen?

Warum führt Goethe dem Faust des I. Teils im II. Teil der Tragödie „Welthaftigkeit" zu?

Was will Faust bei den Müttern?

Warum läßt sich nach Helenas Wort (Faust II, 3: V. 9939/40) Glück und Schönheit nicht dauerhaft vereinen? Warum läßt sich auch Glück und Erkenntnis nicht dauerhaft vereinen?

Vergleichen Sie die Walpurgisnacht des ersten Teils mit der Klassischen Walpurgisnacht des zweiten Teils der Dichtung.

Interpretieren Sie Fausts rückschauende Selbstdeutung in Faust II, V. Akt (Mitternacht): „Ich bin nur durch die Welt gerannt . . . "

Bilden „Faust I" und „Faust II" eine organische Einheit?

„Faust II": Welttheater, Menschheitstragödie oder Mysterienspiel?

Warum hat Goethe die Faust-Dichtung als „inkommensurabel" bezeichnet?

Hat Faust die Wette mit Mephisto gewonnen oder verloren? (In der ersten Hälfte des zwanzigsten Jahrhunderts waren 21 Interpreten der Ansicht, Faust habe die Wette gewonnen; 10 meinten, er habe sie im Wortsinn verloren, aber in einem höheren Sinn gewonnen; 12 meinten, er habe sie verloren.) Was ist Ihre Ansicht?

Auf den Hinweis, Mephisto müsse am Ende allein zur Hölle fahren, antwortete Goethe: „Das wäre ja Aufklärung". Deuten Sie diese seine Antwort.

Das Vorspiel zur Faust-Tragödie ,,Prolog im Himmel", die ,,Klassische Walpurgisnacht" und die Schlußszene ,,Bergschluchten" sind gewissermaßen die drei tragenden Grundpfeiler, auf denen die Gesamtkonzeption der Dichtung ruht. Charakterisieren Sie diese drei Szenen in ihrer Bedeutung für die ganze Dichtung.

Ist der Schluß der Faust-Dichtung im Sinne des Christentums zu deuten oder ist die christliche Szenerie nur Kulisse zur Veranschaulichung der Idee der Vergeistigung des Menschen nach seinem Tod!

Wie beurteilen Sie Goethes Äußerung in dem letzten Gespräch mit Eckermann elf Tage vor seinem Tod am 11. März 1832: ,,Fragt man mich, ob es in meiner Natur sei, Christus anbetende Ehrfurcht zu erweisen, so sage ich: durchaus! Ich beuge mich vor ihm als der göttlichen Offenbarung des höchsten Prinzips der Sittlichkeit." Berücksichtigen Sie dieses Wort des Dichters bei der Deutung der Szene ,,Bergschluchten".

Pflichten Sie der mehrfach vertretenen Ansicht bei, der Schluß des ,,Fausts II" sei katholisch? Was spricht dafür, was dagegen?

Am Anfang der Faust-Tragödie erscheint Gott-Vater (im ,,Prolog im Himmel"), am Schluß die Mutter Gottes, die Himmelskönigin und Mater Gloriosa (in der Szene ,,Bergschluchten"): Wie beurteilen Sie Goethes Entscheidung, die Erlösung Fausts durch die Wirksamkeit des weiblichen Prinzips vollziehen zu lassen? Im Jahre 1826 sagte Goethe zu Wilhelm von Humboldt: ,,Abgeschlossen konnte das Stück nicht werden als in der Fülle der Zeiten, da es denn jetzt seine volle 3000 Jahre spielt, von Trojas Untergang bis zur Einnahme von Missolunghi." Erklären Sie diese Äußerung Goethes.
Finden Sie in der Faust-Dichtung Züge des modernen Menschen?
Zeigen Sie Bezugspunkte auf zwischen Goethes ,,Faust II", Dantes ,,Göttlicher Komödie" und Odysseas Elytis' ,,To Axion Esti – Gepriesen sei" (Fischer Taschenbuch Nr. 5029, Frankfurt a. M. 1981).

LITERATURNACHWEIS

Die Literatur über Goethes „Faust" ist derart umfangreich, daß sie allein mehrere Bände füllen würde, wollte man sie vollständig aufzählen; es können daher an dieser Stelle nur einige besonders wesentliche Kommentare erwähnt werden. Zeitschriftenaufsätze und Goethe-Biographien sind nicht berücksichtigt worden.

Als Textausgabe sei empfohlen:

Goethe, Faust, Der Tragödie erster und zweiter Teil und Urfaust, herausgegeben und kommentiert von Erich Trunz, Verlag C. H. Beck, München 1972 (Sonderausgabe auf Grund der Hamburger Ausgabe von Goethes Werken, Band III, kommentiert von Erich Trunz).

Diese Ausgabe enthält neben dem Text der Dichtung einen ausführlichen 243 Seiten langen Kommentar, Quellen zur Entstehungsgeschichte, Darstellung der Entstehung, Sach- und Worterklärungen, Bibliographie.

Beutler, Ernst: Faust und Urfaust, erläutert von Ernst Beutler, Leipzig 1940.

Böhm, Wilhelm: Goethes Faust in neuer Deutung, Köln 1949.

Buchwald, Reinhard: Führer durch Goethes Faustdichtung, Stuttgart 1964.

Emrich, Wilhelm: Die Symbolik von Faust II, Bonn 1957.

Friedrich, Theodor/Scheithauer, Lothar: Kommentar zu Goethes Faust, Stuttgart 1970.

Hefele, Hermann: Goethes Faust, Stuttgart 1946.

Henze, Walter: J. W. von Goethe, Bd. 2. Friedrichs Dramatiker Bd. 51, Velber 1969.

Kobligk, Helmut: Goethe, Faust II, Frankfurt am Main 1973.

Lienhard, Friedrich: Einführung in Goethes Faust, Leipzig 1919.

Lukács, Georg: Faust und Faustus, Reinbek 1967.

May, Kurt: Faust II – in der Sprachform gedeutet, München 1962.

Petsch, Robert: Einführung in Goethes Faust, Hamburg 1949.

Petsch, Robert: Faustsage und Faustdichtung, Dortmund 1966.

Reinhardt, Karl: Die Klassische Walpurgisnacht in: Deutsche Dramen von Gryphius bis Brecht, Fischer-Bücherei 699, Frankfurt am Main 1965.

Rischbieter, Henning/Wendt, Ernst: Theater 1966, Velber 1966.

Rickert, Heinrich: Goethes Faust, Tübingen 1932.

Reske, Hermann: Faust – eine Einführung, Stuttgart 1971.
Schneider, Reinhold: Fausts Rettung, Berlin 1946.
Schrimpf, Hans-Joachim: Das Weltbild des späten Goethe, Stuttgart 1956.
Schwerte, Hans: Faust und das Faustische. Ein Kapitel deutscher Ideologie, Stuttgart 1962.
Seidlin, Oskar: Vom Mythos zur Person in: Oskar Seidlin, Von Goethe bis Thomas Mann, Göttingen 1963.
Stöcklin, Paul: Wege zum späten Goethe, Hamburg 1949.
Streicher, Wolfgang: Die dramatische Einheit von Goethes Faust, Tübingen 1966.
Strich, Fritz, Goethes Faust, Bern 1964.
Traumann, Ernst: Goethes Faust, Band I und II, München 1924.
v. Wiese, Benno: Faust als Tragödie, Stuttgart o. J.

NACHTRAG 1974–1981

Aufsätze zu Goethes „Faust". Hrsg. von W. Keller. Darmstadt: Wissenschaftl. Buchgesellschaft, 1974.
Bertram, Johannes: Goethes „Faust" im Blickfeld des XX. Jahrhunderts. Hamburg 1980.
Blumenberg, Hanns: Arbeit am Mythos. Frankfurt a. M. 1980.
Blumenberg, Hanns: „Faust" – eine Episode? In: Süddeutsche Zeitung, 5./6. Juli 1980.
Lange, Victor: „Faust" – Der Tragödie zweiter Teil. In: Walter Hinderer (Hrsg.), Goethes Dramen, Stuttgart 1980.
Lohmeyer, Dorothea: Faust und die Welt. Zur Deutung des zweiten Teils der Dichtung. München 1975.
Müller, Joachim: Die tragische Aktion. Zum Geschehen im V. Akt von „Faust II" bis zum Tode Fausts. Goethe-Jahrbuch 94, 1977.
Neis, Edgar: Klassiker wieder aktuell? Darin: Goethe, „Faust II". Herderbücherei Nr. 9322, Freiburg 1979.
Schlaffer, Heinz: Fausts Ende. In: Das Argument 18, 1976.
Schlaffer, Heinz: „Faust II. Teil" – Die Allegorie des 19. Jahrhunderts. Stuttgart 1981.

CHEMIE

Th. Bokorny

Chemie-Gerüst

Wegweiser und Ratgeber für Schüler und Abiturienten. 13., überarb. Auflage

128 Seiten **Bestell-Nr. 0674–2**

Dieses kurze in Tabellenform abgefaßte Vademecum der Chemie soll kein Lehrbuch oder Lexikon sein, sondern die großen Linien und wissenswerten Teile der modernen Chemie übersichtlich klar und einprägsam veranschaulichen und in Erinnerung bringen.

Thomas Neubert

Chemische Formelsammlung

64 S. – 2-fbg. – kart **Bestell-Nr. 0685–8**

Hier wurden die wesentlichen Formeln mit ihren Anwendungsmöglichkeiten aufgezeichnet. Für den Schulunterricht und für häusliches Arbeiten ein wichtiges Hilfsmittel – echte Lernhilfe!

DEUTSCH

Christian Floto

Basisinterpretationen für den Literatur- und Deutschunterricht I

– Ausgewählte Stücke und Prosa von Shakespeare bis Ionesco –

96 Seiten 2. Auflage **Bestell-Nr. 0589–4**

Nach einer kurzen Skizzierung der Literaturepoche werden anhand häufig gelesener Stücke Basisinterpretationen gegeben. Alle Beispiele entstanden im Unterricht der Sekundarstufen.
Folgende Stücke werden u. a. behandelt:
Shakespeare, Hamlet – Lessing, Nathan – Schiller, Wallenstein – Goethe, Iphigenie – Kleist, Marquise von O/Die Verlobung . . . – Fontane, Effi Briest – Dostojewski, Der Spieler – Hauptmann, Rose Bernd – Mann, Tonio Kröger – Döblin, Berlin Alexanderplatz – Kafka, Der Prozeß – Brecht, Sezuan – Kipphardt, Oppenheimer – Frisch, Homo Faber – Frisch, Biedermann u. Br. – Ionesco, Die Stühle.

Christian Floto

Basisinterpretationen für den Literatur- und Deutschunterricht II

– Ausgewählte Stücke und Prosa „moderner" Autoren in der ersten Hälfte des 19. Jahrhunderts. –

108 Seiten **Bestell-Nr. 0593-2**

Literaturgeschichtlicher Abriß, Biographische Stationen, Aufbauprinzipien von Novelle und Drama; problemorientierte Bezüge zur modernen sozialpsychologischen Lebenssituation. Folgende Stücke werden u. a. behandelt:
Büchner, Woyzeck – Grabbe, Scherz, Satire, Ironie . . .; Kleist, Der zerbrochene Krug/Prinz von Homburg/Michael Kohlhaas/Erdbeben in Chili.

Bernd Matzkowski

Basisinterpretationen für den Literatur- und Deutschunterricht III

Untersuchungen und didaktische Hinweise zum Volksbuch Till Eulenspiegel.

Hinweise auf den Schelmenroman.

80 Seiten, kart. **Bestell-Nr. 0598–3**

Sachanalyse – Ausgewählte Historien – Motivquerverbindungen zu Schelmenromanen des 16. und 17. Jahrhunderts – Vorschläge für die Behandlung im Unterricht u. a.

Bernd Matzkowski/Ernst Sott

Basisinterpretationen für den Literatur- und Deutschunterricht IV

36 moderne deutsche Kurzgeschichten mit Arbeitsfragen.

112 Seiten, kart. **Bestell-Nr. 0599–1**

Interpretation der Kurzgeschichten **mit Arbeitsfragen** zu
ARBEITSTEXTE FÜR DEN UNTERRICHT (Reclam)
Deutsche Kurzgeschichten 11.–13. Schuljahr
und Pratz/Thiel:
NEUE DEUTSCHE KURZGESCHICHTEN
(Diesterweg)

Karin Cohrs/Martin H. Ludwig

Basisinterpretationen für den Literatur- und Deutschunterricht V

Romane und Novellen des 19. Jahrhunderts

120 Seiten, kart. **Bestell-Nr. 0631–9**

Aus dem Inhalt:
Einleitung, Politik und Kultur des 19. Jahrhunderts – Interpretationen ausgewählter Romane und Novellen.

Kurzbiographie des Dichters – Entstehung des Werkes – Inhalt – Charaktere – Situationen – Erschließung des Textes (stilistische Besonderheiten, literaturhistorischer Rahmen, gesellschaftliche und politische Bezüge usw.), Arbeitsfragen.
Hoffmann, Das Fräulein von Scuderi – Kleist, Das Erdbeben in Chili – Mörike, Maler Nolten – Gotthelf, Wie Uli der Knecht glücklich wird – Storm, Immensee – Droste-Hülshoff, Die Judenbuche – Raabe, Die Akten des Vogelgesangs – Fontane, Der Stechlin – Eichendorff, Aus dem Leben eines Taugenichts – Keller, Die drei gerechten Kammacher – Storm, Hans und Heinz Kirch – Raabe, Die schwarze Galeere – Fontane, Schach von Wuthenow – Hauptmann, Bahnwärter Thiel.

Rüdiger Giese/Christian Floto

Basisinterpretationen für den Literatur- und Deutschunterricht VI

Romane und Novellen aus dem 20. Jahrhundert

112 Seiten, Kart. **Bestell-Nr. 0473**

Schnitzler, Leutnant Gustl – Mann, Tod in Venedig – Kafka, Die Verwandlung – Hesse, Der Steppenwolf – Kästner, Fabian – Mann, Mephisto – Zweig, Schachnovelle – Böll, Haus ohne Hüter – Wolf, Der geteilte Himmel – Kempowski, Tadellöser und Wolff

Bausteine – Deutsch

stellt detaillierte Unterrichtsstunden zur Behandlung unterschiedlichster Texte für die Sekundarstufen I und II vor.

Anordnung der Stunden als Sequenzen – Texte und Textanalysen – Didaktisch-methodische Arbeitshinweise – praktisch zu handhaben.

Angesprochen sind Lehrer und Lehramtsanwärter aller Schulformen.

Autoren sind: Praktiker – Ausbilder – Fachwissenschaftler aus allen Schulformen.

Bausteine Lyrik I

Spiel mit Sprache / Lyrischer Humor / Konkrete Poesie
160 Seiten, kart. **Bestell-Nr. 0650–5**

Bausteine Lyrik II

Ballade / Modernes Erzählgedicht / Chanson / Politische Lyrik / Thema- und Motivverwandtschaft
164 Seiten, kart. **Bestell-Nr. 0651–3**

Gerhart Hauptmann: Die Weber
Bestell-Nr. 652

Max Frisch: Homo Faber
Bestell-Nr. 653

Theodor Storm: Pole Poppenspäler
Bestell-Nr. 654

Albert Camus: Die Pest
Bestell-Nr. 655

George Orwell: 1984 / Animal Farm
Bestell-Nr. 656

Thomas Mann: Tonio Kröger
Bestell-Nr. 657

Goethe-Plenzdorf: Werther
Bestell-Nr. 658

Storm: Der Schimmelreiter
Bestell-Nr. 659

Lessing: Nathan der Weise
Bestell-Nr. 660

Dürenmatt: Der Richter und sein Henker
Bestell-Nr. 661

Goethe: Faust I/II
Bestell-Nr. 662

Eichendorff: Taugenichts
Bestell-Nr. 663

Hesse: Der Steppenwolf
Bestell-Nr. 664

Franz Kafka: Kurze Prosaformen
Bestell-Nr. 665

Joh. Wolfg. von Goethe: Iphigenie auf Tauris
Bestell-Nr. 666

Bert Brecht: Leben des Galilei
Bestell-Nr. 667

Dichtung in Theorie und Praxis

Texte für den Unterricht

Jeder Band ist – wie der Reihentitel bereits aussagt – in die Teile Theorie und Praxis gegliedert; darüber hinaus werden jeweils zahlreiche Texte geboten, die den Gliederungsstellen zugeordnet sind. Ein Teil Arbeitsanweisungen schließt sich an, der entweder Leitfragen für die einzelnen Abschnitte oder übergeordnete oder beides bringt.

Bestell-Nr.

450 Die Lyrik
451 Die Ballade
452 Das Drama
453 Kriminalliteratur
454 Die Novelle
455 Der Roman
456 Kurzprosa (Kurzgeschichte, Kalendergeschichte / Skizze / Anekdote)
457 Die Fabel
458 Der Gebrauchstext
459 Das Hörspiel
460 Trivialliteratur
461 Die Parabel
462 Die politische Rede
463 Deutsche Lustspiele und Komödien

Weitere Bände in Vorbereitung

Egon Ecker

Wie interpretiere ich Novellen und Romane?

Methoden und Beispiele
2. Auflage, 180 Seiten **Bestell-Nr. 0632–7**

Notizen zur Betrachtung eines dichterischen Textes – Zur Technik der Interpretation.

Beispiele:
Keller, Drei gerechte Kammacher

Novellen:
Büchner, Lenz – Storm, Schimmelreiter – Andres, Die Vermummten

Romane:
Mann, Königl. Hoheit – Frisch, Homo Faber – Andres, Knabe im Brunnen – Andersch, Sansibar.
Zur Theorie der Novelle – Zur Theorie des Romans – Gliederungsvorschläge – Themenvorschläge – Literaturverzeichnis.

Egon Ecker

Aufsatz mit Grammatik

3./4. Jahrgangsstufe

mit zahlreichen Abbildungen
88 Seiten **Bestell-Nr. 0578–9**

Für die vorbereitenden Übungen auf den Besuch von weiterführenden Schulen soll den Schülern und deren Eltern hier ein Hilfsmittel gegeben werden, welches den neuesten Erfordernissen gerecht wird.

Inhalt: Bericht – Schilderung – Beschreibung – Erzählung – Wortfamilien und Wortfelder – Lösungsvorschläge u. v. a.

Egon Ecker

Rechtschreibung und Diktate

3./4. Jahrgangsstufe

3. Auflage , 112 Seiten **Bestell-Nr. 0579–7**

Als Band für die Vorbereitung des Übertritts in andere Schularten gibt der Autor ein Hilfsmittel zur richtigen Schreibweise und Anwendung der deutschen Sprache.

Inhalt: Groß- und Kleinschreibung – Gleich und ähnlich klingende Laute – Dehnung – Schärfung – Silbentrennung – Sprachlehre – Satzmodelle – Diktatstoffe – Lösungen u. v. a.

Epochen deutscher Literatur

Kurzgefaßte Abhandlungen für den Deutschunterricht an weiterführenden Schulen.

Bestell-Nr. 0480
Die deutsche Romantik I
Frühromantik

Bestell-Nr. 0481
Realismus des 19. u. 20. Jahrhunderts

Bestell-Nr. 0482
Impressionismus und Expressionismus

Bestell-Nr. 0483
Sturm und Drang

Bestell-Nr. 0484
Die deutsche Romantik II
Spätromantik

Bestell-Nr. 0485
Die deutsche Klassik

Gerd Eversberg
Wie verfasse ich ein Referat?
Hinweise für die Informationsbeschaffung und -verarbeitung für den Literaturunterricht.

2. Auflage, 116 Seiten **Bestell-Nr. 0582–7**

Dieser Band soll den Schülern transparentes Arbeiten lehren. Das Themenbeispiel orientiert sich an der Schulpraxis und wurde auch erfolgreich erprobt.

Inhalt: Bibliographieren – Zitieren – Materialsammlungen – Bibliotheksbenutzung – Entleihen – Fernleihverkehr – Verlagskataloge und Buchhandlung – Manuskriptgestaltung – Referieren – Diskutieren.

Gerd Eversberg
Textanalyse 1
Umgang mit fiktionalen (literarischen) Texten
152 Seiten **Bestell-Nr. 0641–6**

Aus dem Inhalt:
I. Der Begriff des fiktionalen Textes: Das „Ästhetische" der Literatur – Betrachtungsweisen von Literatur – Literarische Wertung.
II. Probleme der Interpretation: Der Prozeß des „Verstehens" – Methoden der Literaturinterpretation – Arbeitstechniken (Textwiedergabe / Texterarbeitung / Texterörterung).
III. Beispiele für Interpretationen: Epische Texte – Dramatische Texte – Gedichte.
IV. Massenliteratur.

Textanalyse 2
Umgang mit nichtfiktionalen (Gebrauchs-)Texten
144 Seiten **Bestell-Nr. 0642–4**

Aus dem Inhalt:
I. Der Textbegriff.
II. Eine Typologie von Gebrauchstexten.
III. Bedingungen der Textanalyse.
IV. Methoden der Textanalyse: Textwiedergabe – Textbeschreibung – Texterörterung.
V. Beispiele für Textanalysen: Darstellende Texte (Sachtexte/Wissenschaftliche Texte) – Werbende Texte (Werbetexte/Politische Reden) – Gesetzestexte.

Gebrauchstextanalysen
– Methoden und Beispiele –

2. Auflage, 80 Seiten **Bestell-Nr. 0588–6**

Herausgegeben von einem Arbeitskreis der Pädagogischen Akademie Zams.

Aus dem Inhalt:

I. Warum Textuntersuchung? Begriffserklärungen.
II. Textanalyse – Textkritik
Vorgestellt werden nur drei Möglichkeiten einer Analyse:
a) Kommunikationstheoretischer Aspekt
b) stilistischer Aspekt
c) soziologischer Aspekt

III. Gebrauchstexte verschiedener Art, die auf o. a. Aspekte hin untersucht, bzw. kritisiert wurden.

Ordnung der Texte nach Themenkreisen:
Werbetexte – Ferienprospekte – Kinoprogramme – Diverse Jugendzeitschriften (Bravo u. a.) – Illustrierte und Frauenzeitschriften (Frau im Spiegel u. a.) – Schullesebücher – Geschichtsbücher – Tagesberichterstattung: Politische Beiträge/kulturelle Beiträge – Literarische Texte.

Deutsch auf der neugestalteten gymnasialen Oberstufe
Ein erfahrener Praktiker legt mit dieser Buchreihe Unterrichtshilfen für Schüler und Lehrer der Grund- und Leistungskurse vor.

Robert Hippe
Mündliche und schriftliche Kommunikation
2. Aufl., 104 Seiten **Bestell-Nr. 0563–0**

Sprache – Sprache und Verständigung
Grundbegriffe der Kommunikation – Die drei Dimensionen des Zeichens – Verschiedene Arten von Zeichen – Sprache und Norm

– Die Rede
– Das Referat
– Die Diskussion
– Das Protokoll
– Die Inhaltsangabe
– Die Erörterung

Robert Hippe
Umgang mit Literatur
2. Auflage, 116 Seiten **Bestell-Nr. 0564–9**

Definition von Literatur – Grundformen von Literatur – Merkmale der Lyrik – Merkmale der Epik – Merkmale der Dramatik – Formprobleme der Literatur – Aufbauprobleme in der Literatur – Arten der Interpretation – Was ist Interpretation – Literatur und Wirklichkeit u. v. a.

Robert Hippe
Sprach- und Textbetrachtungen
132 Seiten **Bestell-Nr. 0569–X**

Sprachbetrachtung

Historisch – Theorien über die Entstehung der Sprache(n) – Die indogermanische (idg.) Sprachfamilie – Die geschichtliche Entwicklung des Hochdeutschen – Lehn- und Fremdwörter – Sprachrätsel und Sprachspiele – Auswahl-Bibliographie.

Systematisch – Grammatik – Die traditionelle Grammatik – Die generative Transformationsgrammatik – Die strukturelle Grammatik.

Textbetrachtung

Allgemeines – Definition von Text – Textsorten – Beispiele – Übungen – Auflösung der Rätsel.

Robert Hippe
Textanalysen
mit Aufgaben und Übungen
2. Aufl., 120 Seiten **Bestell-Nr. 0586–X**

Einleitung: Über Text, Textbeschreibung und Textanalyse

I. Fiktionale (literarische) Texte

Lyrik

(Barock, Sturm und Drang, Klassik, Romantik, Realismus, Expressionismus, Hofmannsthal und Rilke, Lyrik nach 1945, Motivgleiche Gedichte). Jeweils an Beispielen erklärt.

Epik

(Roman, Novelle, Märchen, Fabel, Kurzgeschichte, Sonderform des Essays)

Dramatik

II. Unterhaltungs- und Trivialliteratur

III. Nicht-fiktionale (nicht literarische) Texte

Werbetexte – Gesetzestexte – Kochrezepte – Redetext (rhetorischer Text)

Robert Hippe
Der deutsche Aufsatz auf der neugestalteten gymnasialen Oberstufe
Anleitungen – Ausarbeitungen – Gliederungen. Hinweise und Themenvorschläge, Methoden und Beispiele.
160 Seiten **Bestell-Nr. 0592–4**

Vom Besinnungs-Problemaufsatz über die Facharbeit zum literarischen Aufsatz beinhaltet der Band Themenkreise wie Textanalysen, Erörterung, Referat, Inhaltsangaben und Hinweise zur Arbeitstechnik. Viele Beispiele aus verschiedenen Themenkreisen runden das Buch ab.

Für Lehrer und Schüler zur Unterrichtsvorbereitung ein nützliches Hilfsmittel.

Robert Hippe
Kurzgefaßte deutsche Grammatik und Zeichensetzung
7. Auflage, 72 Seiten **Bestell-Nr. 0515–0**

Ein Abriß der deutschen Grammatik systematisch und fundamental dargeboten; beginnend mit den Wortarten, Betrachtung der Satzteile und Nebensätze bis zu den Satzzeichen, Beispiele durchsetzen das Ganze, und Lösungen sollen Fehler auffinden helfen. Ein nützliches in Tausenden von Exemplaren bewährtes Übungs- und Nachhilfebuch.

Robert Hippe
Interpretationen zu 62 ausgewählten motivgleichen Gedichten
mit vollständigen Gedichtstexten
5. Auflage, 102 Seiten **Bestell-Nr. 0517–7**

Der Verfasser hat die wiedergegebenen Interpretationen und Auslegungen in langen Gesprächen und Diskussionen mit Oberprimanern erarbeitet. Die hier angebotenen Deutungsversuche erheben keinen Anspruch auf die einzig möglichen oder richtigen, sondern sollen Ausgangspunkte für Weiterentwicklungen und Erarbeitungen sein.

Aus dem Inhalt: Themen wie Frühling – Herbst – Abend und Nacht – Brunnen – Liebe – Tod – Dichtung u. v. a.

Robert Hippe
Interpretationen zu 50 modernen Gedichten
mit vollständigen Gedichtstexten
3. Auflage, 136 Seiten **Bestell-Nr. 0597–5**

Der vorliegende Band verspricht Interpretationshilfe und Deutungsversuche – in unterschiedlicher Dichte und Ausführlichkeit – für 50 moderne Gedichte. Materialien und Auswahlbibliographie geben den Interessenten Hilfen für den Deutsch- und Literaturunterricht. Für den Lehrer eine echte Bereicherung zur Vorbereitung des Unterrichts.

Aus dem Inhalt: Lasker-Schüler – Hesse – Carossa – Benn – Britting – Brecht – Eich – Kaschnitz – Huchel – Kästner – Bachmann – Piontek – Celan – Härtling – Reinig – Grass – Enzensberger u. v. a.

Robert Hippe
Kurzgefaßte deutsche Rechtschreiblehre
64 Seiten **Bestell-Nr. 0545–2**

Im ersten Teil dieses Buches findet man die wichtigsten Regeln der deutschen Rechtschreibung.

Der zweite Teil besteht aus 36 Übungstexten zu diesen Regeln zum Erlernen, Einprägen und Wiederholen. Die Lösungen am Schluß des Bandes dienen zur Kontrolle.

Robert Hippe
Der Unter- und der Mittelstufenaufsatz
6. Auflage, 84 Seiten **Bestell-Nr. 0519–3**

Anleitungen – Ausarbeitungen – Gliederungen – Themenvorschläge u. v. a.
jeweils mit Lösungsschlüssel

A. Unterstufe

Erlebnisschilderung oder -erzählung

Vorgangsschilderung oder -erzählung

Die Nacherzählung, die Erklärung oder Arbeitsanweisung, Vorgangsbericht oder Beschreibung, Inhaltsangabe

B. Mittelstufe

Die Schilderung, Stimmungsbild, Charakteristik, Bericht und Inhaltsangabe, sachliches Schreiben, Facharbeit, Erörterung u. a.

Interpretationen motivgleicher Gedichte in Themengruppen

mit vollständigen Gedichtstexten

Band 1: Edgar Neis

Der Mond in der deutschen Lyrik

80 Seiten **Bestell-Nr. 0620–3**

Arp – Bischoff – Borchert – Boretto – Britting – Brokkes – Bürger – Claudius – Däubler – Droste- Hülshoff – Geibel – Gleim – Goethe – Härtling – Heine – Holz – Klopstock – Krähenbühl – Krolow – Lange – Lehmann – Leonhard – Lichtenstein – zur Linde – Maurer – Morgenstein – Rasche – Rühmkorf – v. Stollberg – Trakl – v. d. Vring – Werfel – Wiens.

Band 2: Edgar Neis

Politische-soziale Zeitgedichte

2. Auflage, 112 Seiten **Bestell-Nr. 0621–1**

Bachmann – Biermann – Brecht – Bürger – Celan – Dehmel – Domin – Enzensberger – Le Fort – Freiligrath – Gryphius – Hädecke – Hagelstange – Heine – Herwegh – Keller – Kerr – Logau – Marti – Platen – Sabias – Salis – Schenkendorf – Schiller – Schreiber – Schubart – Tucholsky – W. v. d. Vogelweide – Weitbrecht – Wildenbruch.

Band 3: Edgar Neis

Der Krieg im deutschen Gedicht

2. Auflage, 112 Seiten **Bestell-Nr. 0622–X**

Bender – Benn – Biermann – Binding – Brambach – Brecht – Claudius – Dehmel – Eich – Flex – Le Fort – Fried – Gleim – Goethe – Hakel – Heise – Heym – Hölderlin – Höllerer – Huchel – Jahn – Jean Paul – Kaschnitz – Kästner – Körner – Leip – Lersch – Leonhard – Liliencron – Logau – Menzel – Mosen – Mühsam – Münchhausen – Neumann – Nick – W. Paul – Sachs – Schiller – Schnurre – Schuhmann – Stramm – Toller – Toussel – Trakl – Tumler – Vogel – Wiechert.

Band 4: Robert Hippe

Die Liebe im deutschen Gedicht

2. Auflage, 80 Seiten **Bestell-Nr. 0623–8**

Benn – Brecht – Eichendorff – George – Gleim – Goethe – Günther – Hesse – Hofmannsthal – Jacobi – Kästner – Krolow – Lasker-Schüler – Lenau – Liliencron – C. F. Meyer – H. v. Mohrungen – Mörike – Münchhausen – Opitz – Reinig – Rilke – Storm – Stramm – W. v. d. Vogelweide – Weickherlin.

Band 5: Robert Hippe

Der Tod im deutschen Gedicht

2. Auflage, 80 Seiten **Bestell-Nr. 0624–6**

Bächler – Benn – Brecht – Celan – Claudius – Droste-Hülshoff – Eich – Goethe – Gryphius – Hesse – Heym – Hofmannsthal – Hofmannswaldau – Höllerer – Kaltneker – Keller – Klopstock – C. F. Meyer – Mörike – Nick – Nietzsche – Novalis – Rilke – Schiller – Storm – Stramm – Trakl – Uhland.

Band 6: Robert Hippe

Die Jahreszeiten im deutschen Gedicht

2. Auflage, 80 Seiten Bestell-Nr. 0625–4

Benn – Britting – Claudius – George – Gerhardt – Goes – Goethe – Hagedorn – Heine – Hebbel – Hesse – Hofmannsthal – Hölderlin – Hölty – Huchel – Lenau – Logau – C. F. Meyer – Mörike – Rilke – Stadler – Storm – Trakl – Uhland – W. v. d. Vogelweide.

Band 7: Robert Hippe

Deutsche politische Gedichte

2. Auflage, 68 Seiten **Bestell-Nr. 0626–2**

Baumann – Biermann – Becher – Below – Brecht – Delius – Enzensberger – Fried – Fürnberg – Gomringer – Grass – Heine – Hoffmann v. Fallersleben – Holzapfel – Karsunke – Kunert – Luckhardt – Morawietz – Pottier – Radin – v. Saar – Scherchen – Schneckenburger – U. Schmidt – Schumann – Vesper – Walraff – Weinheber – Wessel – Zimmering.

Band 8: Edgar Neis

Die Welt der Arbeit im deutschen Gedicht

100 Seiten **Bestell-Nr. 0627–0**

Barthel – Bartock – Billinger – Brambach – Bröger – Chamisso – Dehmel – Dortu – Engelke – Freiligrath – Grisar – Heine – Herwegh – Jünger – Krille – Lersch – Lessen – Naumann – Petzold – Pfau – Piontek – Rilke – Schreiber – Seidel – Weerth – Weinheber – Wieprecht – Winckler – Zech.

Band 9: Edgar Neis

Deutsche Tiergedichte

136 Seiten **Bestell-Nr. 0628–9**

Barth – Bergengruen – Billinger – Boretto – Brecht – Britting – Busch – Claes – Dauthendey – Dehmel – Domin – Droste-Hülshoff – Eggebrecht – Eich – Freiligrath – Gellert – Gleim – Goethe – Grillparzer – Groth – Härtling – Hagedorn – Haushofer – Hausmann – Hebbel – Heine – Hesse – Huchel – F. G. Jünger – W. Lehmann – Liliencron – A. G. Kästner – Keller – Kolmar – Krolow – C. F. Meyer – Morgenstern – Pfeffel – Piontek – Rilke – Ringelnatz – Eugen Roth – N. Sachs – Schaefer – Trakl – Vring – Weinheber – Wiedner – Zachariae – Zuckmayer.

Band 10: Edgar Neis

Städte und Landschaften im deutschen Gedicht

168 Seiten **Bestell-Nr. 0629–7**

Teil I: Borchert – Sidow – Guesmer – Rilke – Grass – Le Fort – Karsunke – Aue – Zeller – Loerke – Fontane – Eich – Bleisch – Körner – Hauptmann – Bobrowski – Stadler – Goll – Reinfrank – Kunze – Zech – Becker – Droste-Hülshoff – Busta – Heine – Altenbernd – Wiedner – Stoltze – Kaschnitz – Hannsmann – Schnack – Hölderlin – Barthel – Mörike – Britting – George – Roth.

Teil II: Fontane – Heise – Kalkreuth – Zweig – Rilke – Rheiner – Goll – Salus – Brecht – Bachmann – Lehmann – Wagner – Benn – Schneider – v. Platen – Huchel – Hesse – Krappen – Kaschnitz – Celan – Britting – Kasack – Krauss – Boretto – Schaefer – Bachmann – v. d. Vring.

Interpretationen zeitgenössischer Kurzgeschichten

Edgar Neis

5. Auflage, 80 Seiten **Bestell-Nr. 0600–9**

Band 1: Aichinger, Puppe – Bender, Schafsblut – Bergengruen, Fahrt des Herrn von Ringen – Böll, Ungezählte Geliebte – Brecht, Unwürdige Greisin – Britting, Märchen vom dicken Liebhaber – Ernst, Förster und Wilddieb – Le Fort, Turm der Beständigkeit – Hochhuth, Berliner Antigone – Hofmannsthal, Lucidor – Kafka, Ehepaar – Kaschnitz, Das dicke Kind / Schneeschmelze – Kühner, Es gibt doch noch Wunder – Malecha, Probe – Risse, Gottesurteil – O. Schaefer, Frühe Vision – W. Schäfer, Mozarts Begräbnis – Schnabel, Hundert Stunden vor Bangkok / Sie sehen den Marmor nicht.

Robert Hippe

5. Auflage, 80 Seiten **Bestell-Nr. 0601–7**

Band 2: Andres, Trockendock – Benn, Gehirne – Bergengruen, Arzt von Weißenhasel / Legende von den zwei Worten – Böll, Bahnhof von Zimpren / Besenbinder / Erinnerungen eines jungen Königs / So ein Rummel – Brecht, Augsburger Kreidekreis – Döblin, Ermordung einer Butterblume – Dürrenmatt, Tunnel – Eich, Stelzengänger – Franck, Das verstandene Gedicht – Gaiser, Ein Mensch, den ich erlegt habe – Hampel, Das mit dem Mais – Hildesheimer, Eine größere Anschaffung – Kafka, Kübelreiter / Sorge des Hausvaters – Kasack, Mechanischer Doppelgänger – Langgässer, Die getreue Antigone / Untergetaucht – Musil, Portugiesin – Risse, Verkehrsunfall – Schnurre, Ein Fall für Herrn Schmidt.

Karl Brinkmann

4. Auflage, 80 Seiten **Bestell-Nr. 0602–5**

Band 3: Aichinger, Plakat – Alverdes, Die dritte Kerze – Böll, Damals in Odessa / Mann mit den Messern / Lohengrins Tod / Wanderer kommst du nach Spa . . . – Borchert, Die lange, lange Straße lang / Generation ohne Abschied / Lesebuchgeschichten – Eisenreich, Ein Augenblick der Liebe – Gaiser, Brand im Weinberg / Du sollst nicht stehlen – Langgässer, Die zweite Dido / Glück haben – Lenz, Jäger des Spottes – Schnurre, Die Tat – Spang, Seine große Chance – Spervogel, Hechtkönig – Wiechert, Hauptmann v. Kapernaum / Hirtenknabe.

Martin Pfeifer

4. Auflage, 84 Seiten **Bestell-Nr. 0603–3**

Band 4: Aichinger, Hauslehrer / Nichts und das Boot – Bender, Die Wölfe kommen zurück – Böll, Über die Brücke / Es wird etwas geschehen – Brecht, Mantel des Ketzers – Britting, Brudermord im Altwasser – Eich, Züge im Nebel – Ernst, Das zweite Gesicht – Fallada, Lieber Hoppepoppel – Franck, Taliter – Hesse, Beichtvater / Bettler – Johnson, Jonas zum Beispiel – Kusenberg, Eine ernste Geschichte – Langgässer, Saisonbeginn – Le Fort, Frau des Pilatus – Meckauer, Bergschmiede – Pohl, Yannis letzter Schwur – Rinser, David – Schäfer, Hirtenknabe – Schallück, Der Tod hat Verspätung – v. Scholz, Das Inwendige – Walser, Ein schöner Sieg – Weisenborn, Aussage.

Edgar Neis

3. Auflage, 56 Seiten **Bestell-Nr. 0604–1**

Band 5: Borges, Das geheime Wunder – Calderón, Invasion – Callaghan, ein sauberes Hemd – Campos, Solidarität – Carson, Ein Mädchen aus Barcelona – Hemingway, Die Killer – Huxley, Schminke – Joyce, Eveline – Katajew, Die Messer – Mansfield, Für sechs Pence Erziehung – Manzoni, Die Repräsentiertasse – Olescha, Aldebaran – Saroyan, Vom Onkel des Barbiers, dem von einem Zirkustiger der Kopf abgebissen wurde – Sartre, Die Mauer – Timmermans, Die Maske.

Karl Brinkmann

3. Auflage, 80 Seiten **Bestell-Nr. 0605–X**

Band 6: Andersch, Sehnsucht nach Sansibar – Böll, Wie in schlechten Romanen / Undines gewaltiger Vater – Gaiser, Das Wespennest / Fünfunddreißig Meter Tüll / Der Motorradunfall – Grass, Der Ritterkreuzträger – Hildesheimer, Nächtliche Anrufe – Holthaus, Geschichten aus der Zachurei / Allgemeines / Wo liegt Zachzarach / Das Wirtshaus Zum Vollautomatischen Bären – Lenz, Masurische Geschichte / Der Leseteufel / So schön war mein Markt / Der große Wildenberg – Kramp, Was der Mensch wert ist – Reding, Die Bulldozer kamen / Während des Films / Jerry lacht in Harlem / Fahrerflucht – Schnurre, Wovon der Mensch lebt – Walser, Die Artikel, die ich vertrete.

Rudolf Kanzler

64 Seiten **Bestell-Nr. 0606–8**

Band 7: Aichinger, Die Silbermünze – Altendorf, Der Knecht Persenning – Andersch, Ein Auftrag für Lord Glouster – Bauer, Hole deinen Bruder an den Tisch – Britting, Der Gang durchs Gewitter – Dörfler, Die Kriegsblinde – Hesse, Das Nachtpfauenauge – Hildesheimer, Der Urlaub – Kaschnitz, Gespenster – Lenz, Die Nacht im Hotel – Th. Mann, Das Eisenbahnunglück – Noack, Die Wand – Ohrtmann, Der Sched ist wieder da – Rinser, Der fremde Knabe – Schallück, Unser Eduard – Wiechert, mein erster Adler.

Edgar Neis

80 Seiten **Bestell-Nr. 0607–6**

Band 8: Andersch, Grausiges Erlebnis – Bachmann, Alles – Bender, In der Gondel / Fondue – Bichsel, Tochter – Bobrowski, Epitaph für Pinnau – Bolliger, Verwundbare Kindheit – Brecht, Wiedersehen – Eisenreich, Der Weg hinaus – Fritz, Schweigen vieler Jahre – Fühmann, Judenauto / Schöpfung – Gaiser, Gazelle grün – Heissenbüttel, Wassermaler – Kaschnitz, Das rote Netz – Kunert, Fahrt mit der S-Bahn – Nossack, Das Mal – Reinig, Drei Schiffe – A. Schmidt, Resümee – Walser, Tänzer / Knabe – Wohmann, Ich Sperber / Der Schwan / Knurrhahn-Stil.

Robert Hippe

72 Seiten **Bestell-Nr. 0608–4**

Band 9: Aichinger, Fenster-Theater – Bichsel, Holzwolle – Brecht, Vier Männer und ein Pokerspiel – Frank, Die Monduhr – Fuchs, Gedankenaustausch – Geißler, Kalte Zeiten III – Heckmann, Die Wohltaten des Löffels / Das Henkersmahl – Holthaus, Wahrhaftige Geschichte von der Spazierfahrt – Kaschnitz, Popp und Mingel / Christine – Klose, Am roten Forst – Kunert, Andromeda zur Unzeit – Lenz, Die große Konferenz – Magiera, In den Sand geschrieben – Marti, Neapel sehen – Mechtel, Ein kleiner Tag –

Nossack, Helios GmbH – Novak, Schlittenfahren – Weissenborn, Die Stimme des Herrn Gasenzer / Die Sache mit Dad – Wohmann, Denk immer an heut' nachmittag – Weyrauch, Mit dem Kopf durch die Wand – Wohmann, Die Klavierstunde – Zeller, Der Turmbau.

Edgar Neis

80 Seiten **Bestell-Nr. 0609–2**

Band 10: Bernhard, Die Mütze – Bichsel, San Salvador / Ein Tisch – Bobrowski, Lipmanns Leib – Brecht, Das Experiment – Brückner, Lewan / Schwierigkeiten beim Ausfüllen eines Meldezettels / Ein Pferd ist ein Pferd – Dürrenmatt, A's Sturz – Gaiser, Fällung eines Teichs – Hildesheimer, Nachtigall – F. G. Jünger, Urlaub – Kaschnitz, Eisbären – Koeppen, Baseballspieler – Kunert, Zirkuswesen – Musil, Das Fliegenpapier – Novak, Abgefertigt – Reinig, Skorpion – A. Schmidt, Sommermeteor – Weyrauch, Beginn einer Rache.

Wolfgang Kopplin

Kontrapunkte

160 Seiten **Bestell-Nr. 0547–9**

Kontroversinterpretationen zur modernen deutschsprachigen Kurzprosa.

Prosatexte, zwischen 1963 und 1975 entstanden, dienen dem Autor dazu, die dialektische Methode des Pro und Kontra als Interpretationsansatz anzuwenden. Dem Primärtext schließen sich jeweils die Kontroversinterpretationen an. Ein Buch, welches Anregungen zum Verstehen und zur Entschlüsselung von Texten gibt.

Inhalt: Texte von Artmann – Bichsel – Dellin – Gerz – Gregor – Kunert – Reinig – Schnurre u. a. werden in einer Pro- und Kontra-Interpretation vorgestellt.

Albert Lehmann

Erörterungen

Gliederungen und Materialen
Methoden und Beispiele

2. verb. Auflage, 160 Seiten **Bestell-Nr. 0637–8**

Die vorliegende Sammlung von 52 Gliederungen, die durch Erläuterungen – vornehmlich Beispiele – zu den einzelnen Gliederungspunkten erweitert sind, sollen die Wiederholung des Jahresstoffes erleichtern.

Stoffkreisthemen: Natur – Tourismus – Technik – Freizeit – Arbeit/Beruf – Konflikte zwischen den Generationen – Die Stellung der Frau in der Gesellschaft – Entwicklungsländer – Sport – Massenmedien und viele Einzelthemen.

Für Lehrer ein unentbehrliches Nachschlage- und Vorbereitungsbuch.

Birgit Lermen/
Matthias Loewen

Trickfilm als didaktische Aufgabe

Band 1: Sekundarstufe I
232 Seiten – Fotos, kart. **Bestell-Nr. 0618–1**

Band 2: Sekundarstufe II
216 Seiten – Fotos, kart. **Bestell-Nr. 0619–X**

Die Untersuchung über den Trickfilm als didaktische Aufgabe trägt der unterschiedlichen Ausgangslage in den beiden Stufen des Sekundarunterrichts Rechnung durch die Aufteilung in zwei Bände.

Band 1 stellt sich gezielt auf die Bedürfnisse und Erwartungen der Sekundarstufe I ein. Aus der Eigenart des Mediums Trickfilm wird ein Analyse-Instrumentarium entwickelt, dessen Brauchbarkeit an 13 Filmen unterschiedlicher Herkunft erprobt wird. Auf der damit geschaffenen Grundlage wird ein didaktisch-methodisches Konzept erstellt.

Band 2 orientiert sich an den Bedürfnissen der Sekundarstufe II. Eine semiotische Einführung erweitert und vertieft die in Band I erstellte Grundlage. Im Mittelpunkt stehen wieder die Einzelanalysen, deren Zahl des größeren Umfangs wegen auf zwölf reduziert ist.

Wie in Band I soll beides – Analysen und Einführung – als Basis dienen für didaktische Fragestellungen und Entscheidungen.

Die Auswahl der Filme wurde in beiden Bänden bestimmt durch:

a) das Ausleihangebot der Stadt- und Kreisbildstellen in der Bundesrepublik,
b) die ästhetische Qualität,
c) die thematische Relevanz,
d) die didaktische Potenz.

Martin H. Ludwig

Das Referat

Kurze Anleitung zu einer Erarbeitung und Abfassung für Schüler und Studenten.

geh. **Bestell-Nr. 0646–7**

Planen und Sammeln – Bibliographieren – Schreiben und Zitieren – Lesen und Notieren – Auswerten und Gliedern – Der Text – Der Vortrag.

Methoden und Beispiele der Kurzgeschichten-Interpretation

3. Auflage, 64 Seiten **Bestell-Nr. 0585–1**

Herausgegeben und erstellt von einem Arbeitskreis der Pädagog. Akademie Zams.

Methoden: Werkimmanente, existenzialistische, grammatische, stilistische, strukturelle, kommunikative, soziologische, geistesgeschichtliche, historisch/biographisch/symbolistische Methode.

Beispiele: Eisenreich – Cortázar – Dürrenmatt – Brecht – Horvath – Bichsel – Kaschnitz – Lenz – Weißenborn – Rinser – Borchert – Nöstlinger – Wölfel – Langgässer.

An Beispielen ausgewählter Kurzgeschichten werden die einzelnen Methoden der Interpretation demonstriert und erläutert. Information und Nachschlagewerk für den Unterricht in den Sekundarstufen.

Reiner Poppe

Rechtschreibung

Texte und Übungen für die Klassen 5 und 6

196 Seiten **Bestell-Nr. 0595–9**

Zum Selbstunterricht mit Hinweisen zur Handhabung sowie didaktischen und methodischen Anleitungen für Unterrichtende.

Zu ausgewählten Rechtschreibschwierigkeiten wurden **Texte mit vielgestaltigen Übungen** in Einzelkapiteln zusammengefaßt. Jede Textgruppe ist mit einer knappen **Zusammenfassung** des voraufgegangenen Lernstoffes sowie **Erprobungsdiktaten** abgeschlossen. Testdiktate beschließen den Übungsteil. Es wurde besonders darauf geachtet, daß der Lernende Schwierigkeiten bewußt erfährt, **Lösungswege** und **Hilfen eigenständig** formuliert und **systematisch** üben kann.

Klaus Sczyrba

Komm, wir schreiben!

Rechtschreibübungsheft für das 2. und 3. Schuljahr

Format: DIN A4 – 40 farbige Illustrationen

2. Auflage, 36 Seiten, kart. **Bestell-Nr. 0614–9**

Freude ist der Motor zum Erfolg. Nach diesem Grundsatz will der Autor den Kindern durch die lustbetonte, sehr abwechslungsreiche Art dieses Heftes den Weg zu Rechtschreibsicherung leicht machen.

In frohem Tun werden fast unauffällig fundamentale Kenntnisse der Rechtschreibung angeeignet, ohne daß die Kinder dabei den Eindruck des Übens haben.

Klaus Sczyrba

Komm, wir schreiben!

Rechtschreibübungsheft für das 3. und 4. Schuljahr

Format: DIN A4 – 60 farbige Illustrationen

60 Seiten, kart. **Bestell-Nr. 0616–5**

Alle Übungen für die Kinder des 3. und 4. Schuljahres sind so angelegt, daß sie mit Freude durchgeführt werden. Sie enthalten kurzweilige Aufgaben, Reime und Rätsel. Die Richtigkeit der Lösungen kann leicht selbst überprüft werden.

Üben ist für Kinder oft freudlos und langweilig. Bei diesem Heft spüren sie aber nicht, daß „nur geübt" wird. In froher, zielstrebiger Arbeit wird fast unbewußt die Rechtschreibfertigkeit gesteigert.

Klaus Sczyrba

Lebensnahe Diktate

für die Grundschule mit angegliederten Übungsmöglichkeiten für das **2. bis 4. Schuljahr**

3. Auflage, 152 Seiten **Bestell-Nr. 0610–6**

Dieses Übungsbuch ist aus der Erfahrung langjähriger Schularbeit entstanden und soll den Kindern vom 2. bis 4. Schuljahr helfen, ihre Rechtschreibleistungen zu verbessern.

Dazu werden 150 Diktate geboten, die in Ausmaß und Schwierigkeitsgrad dem Alter der Kinder entsprechen.

Zur vertiefenden Behandlung aller Rechtschreibbereiche sind jedem Diktat eine Reihe Übungsmöglichkeiten beigefügt.

Klaus Sczyrba

Neue lebensnahe Diktate

mit zahlreichen Übungsmöglichkeiten für das **2. bis 10. Schuljahr**

312 Seiten **Bestell-Nr. 0611–4**

Wie in den früheren Ausgaben dieses Buches werden hier wieder über 200 Diktate geboten, die in Ausmaß und Schwierigkeitsgrad dem Alter des Kindes entsprechen.

Klaus Sczyrba

Lebensnahe Diktate

mit zahlreichen Übungsmöglichkeiten für das **5. bis 7. Schuljahr,** und Anhang mit Lösungen

2. Auflage, 240 Seiten **Bestell-Nr. 0613–0**

In diesem Übungsbuch werden 150 Diktate geboten, die Kindern des 5. bis 7. Schuljahres helfen sollen, ihre Rechtschreibkenntnisse zu verbessern.

Zur vertiefenden Behandlung aller Rechtschreibbereiche ist jedem Diktat eine Reihe Übungsmöglichkeiten beigefügt.

Klaus Sczyrba

Lebensnahe Diktate

125 Diktattexte mit 600 Lösungsmöglichkeiten für das **8. bis 10. Schuljahr**

210 Seiten + Lösungsteil, kart. **Bestell-Nr. 0471–5**

Das Buch will mit seinen Diktaten und Übungen zum richtigen Gebrauch unserer Sprache beitragen. Die Diktate sind nicht nur nach Rechtschreibschwierigkeiten oder zur Anwendung einer Regel konstruiert, sondern sind auf die Bedürfnisse von Zeit und Umwelt abgestimmt.

Übungsmöglichkeiten mit Lösungen machen dieses Buch für häusliches Arbeiten und für den Unterrichtsgebrauch gleichermaßen unentbehrlich.

Klaus Sczyrba

Lebensnahe Diktate

mit zahlreichen Übungsmöglichkeiten für das **5. bis 10. Schuljahr**

432 Seiten + Lösungsheft **Bestell-Nr. 0612–2**

Auch dieses Übungsbuch soll den Kindern vom 5. bis 10. Schuljahr helfen, ihre Rechtschreibleistung zu verbessern.

Die hier angebotenen 250 Diktate sind in Ausmaß und Schwierigkeitsgrad dem Alter entsprechend ausgewählt worden. Jedem Diktat ist eine Reihe Übungsmöglichkeiten beigefügt, ebenso wurde der entsprechende Wortschatz eingebracht.

Tabellen der Rechtschreibschwierigkeiten in den einzelnen Schuljahren runden dieses Übungsbuch ab.

Klaus Sczyrba

Lebensnahe Grammatik für die Grundschule

für das 2. bis 4. Schuljahr

140 Seiten **Bestell-Nr. 0673–4**

Die alltäglichen Begebenheiten zweier Kinder sind lebendige Einstiege in alle Bereiche der Grundschulgrammatik. In übersichtlicher Weise werden alle notwendigen Kenntnisse zur Beherrschung unserer Sprache kindgemäß vermittelt, die in den angegliederten Übungen angewandt werden können. So ist dieses Büchlein sehr hilfreich für den Unterricht in der Schule und die häusliche Einzelarbeit.

Klaus Sczyrba

Lebensnahe Sprachlehre in der Grundschule

50 Unterrichtsentwürfe für die Einführung aller wesentlichen Gebiete.

112 Seiten, Illustrationen, kart. **Bestell-Nr. 0615–7**

Neubearbeitete 2. Auflage

Diese Unterrichtsentwürfe haben sich als eine vielbegehrte Hilfe erwiesen und ermöglichen, daß der sonst so trockene Stoff der Sprachlehre lebensnah, auf lustbetonte Weise eingeführt wird.
Jeder Entwurf ist eine Unterrichtseinheit, die sich über einen längeren Zeitraum erstreckt.

Klaus Sczyrba

Lebensnahe Grammatik für die Sekundarstufe I

5.-10. Klasse
ca. 80 Seiten u. Lösungsheft kart.

Bestell-Nr. 0474-X

Wesentliche Ursache für die Fehlerhäufigkeit in der Rechtschreibung ist in der mangelnden grammatischen Erkenntnis zu suchen.
Das Buch will hier Abhilfe schaffen. In übersichtlicher Anordnung bietet es in den für das Leben wichtigen Bereichen der Grammatik viele Beispiele und Übungsmöglichkeiten.

Klaus Sczyrba

Rechtschreib–Olympiade

Übungen mit Lösungen für die 5. – 7. Klasse

128 Seiten **Bestell-Nr. 0475–8**

Unser Erfolgsautor Klaus Sczyrba bringt mit diesem Band ein lebensnahes Rechtschreibbuch auf den Markt, welches durch sein Wettbewerbcharakter sicher viele Übende ansprechen wird.
Kurze Übungstexte zu den Schwierigkeiten der deutschen Sprache werden allen Benutzern Hilfe geben und einprägsam zukünftige Fehler vermeiden helfen.

Englisch

Peter Luther/Jürgen Meyer

Englische Diktatstoffe
Unter- und Mittelstufe

2. Auflage, 64 Seiten, kart. **Bestell-Nr. 0647–5**

Beginnend mit einfachsten Texten und Erklärungen wird hier der Benutzer der Bücher mit der englischen Grammatik, Wortlehre und Rechtschreibung vertraut gemacht. Die Texte geben Hinweise auf die Vorbereitung zur Nacherzählung und sind gestaffelt nach Schwierigkeiten und Themengruppen. Worterklärungen und Übungen zur Selbstkontrolle runden den Band ab.

Jürgen Meyer/Gisela Schulz

Englische Synonyme als Fehlerquellen
Übungssätze mit Lösungen

116 Seiten, kart. **Bestell-Nr. 0596–7**

Dieses Übungsbuch will helfen, die im Bereich der Synonymie immer wieder auftretenden Fehler zu vermeiden.
Die Aufstellung beruht auf Beobachtungen, die die Verfasser im Unterricht gemacht haben und erhebt keinen Anspruch auf Vollständigkeit. Die Übungssätze wurden so formuliert, daß die wichtigen Bedeutungsnuancen so klar wie möglich hervortreten. Die zur Kontrolle beigefügten Lösungen geben an, ob und wo Fehler gemacht worden sind.

Jürgen Meyer

Deutsch-englische/ englisch-deutsche Übersetzungsübungen

9. bis 13. Klasse
104 Seiten **Bestell-Nr. 0594–0**

Texte für Fortgeschrittene, die ihre Kenntnisse in Wortanwendung und Grammatik erweitern und überprüfen wollen.
Zu den zeitgemäßen deutschen Texten wurden die Vokabeln und deren Anwendungsmöglichkeiten gegeben und erklärt.
Am Schluß des Bandes die englischen Texte zur Kontrolle.
Breit einsetzbar in den Sekundarstufen, Grund- und Leistungskursen.

Jürgen Meyer

Übungstexte zur englischen Grammatik

9. bis 13. Klasse
2. Auflage, 96 Seiten, kart. **Bestell-Nr. 0567–3**

Der Band enthält Übungsmaterial zu aktuellen Fragen, u. a. Sachtexte zu Personen, wissenschaftlichen Entdeckungen und zeitgeschichtlichen Ereignissen, die über das heutige Großbritannien und die USA informieren. Die Texte sind mit ausführlichen Hinweisen zu den Vokabeln sowie Übungen zur Syntax und zum Wortschatz versehen. Diskussionsvorschläge und ein sorgfältig aufbereiteter Schlüssel bieten zusätzliche Unterrichtshilfen. Das Buch ist sowohl für Gruppenarbeit als auch für das Selbststudium gut geeignet.

Edgar Neis

Übungen zur englischen Herübersetzung

108 Seiten **Bestell-Nr. 0542–8**

Das Übungsbuch richtet sich an den Schüler, der ohne Hilfe eines anderen selbständig die Fertigkeit des Übersetzens aus dem Englischen erlernen will. 38 Texte aus Literatur und Sachschrifttum, jeweils mit Vokabelangaben versehen, kann der Übende ins Deutsche übertragen und anhand des Lösungsteils auf seine Richtigkeit hin überprüfen.
Die Texte eignen sich im Unterrrichtsgebrauch als Übungen zu Nacherzählung und Grammatik.

Werner Reinhard

Übungen zur französischen Herübersetzung

96 Seiten, kart. Bestell-Nr. 0537–1

40 franz. Texte aus Literatur und Sachschrifttum, jeweils mit Vokabelangaben versehen, kann der Lernende ins Deutsche übertragen und anschließend, anhand des Lösungsteiles, seine Fassungen auf ihre Richtigkeit hin überprüfen. Dem Verfasser kam es bei den deutschen Übersetzungen nicht auf prägnanten Stil an, es ging ihm vielmehr um die inhaltlich richtige und vom Schüler nachvollziehbare Übersetzung. So enthalten die Herübersetzungen jeweils auch Anmerkungen mit wörtlichen Entsprechungen, Varianten und Hinweisen zur Grammatik. Breit einsetzbar in den Sekundarstufen.

Werner Reinhard

Kurze moderne Übungstexte zur französischen Präposition

120 Seiten, kart. **Bestell-Nr. 0568–1**

In einem lexikalischen Teil gibt das Übungsbuch zunächst einen Überblick über die Anwendung der wichtigsten Präpositionen. Auch die Präpositionen als Bindeglied zwischen Verb und Objekt bzw. Infinitiv (vor allem à und de) werden berücksichtigt. Listen erleichtern dabei systematisches Lernen.

Im anschließenden Übungsteil kann der Benutzer seine Kenntnisse überprüfen. Vorherrschende Methode ist die Einsetzübung. Mit dem Lösungsteil eignet sich das Buch gut zum Selbststudium. Einsetzbar für den Unterricht in den Sekundarstufen.

Christine und Gert Sautermeister

Der sichere Weg zur guten französischen Nacherzählung

– Zur Methodik des Hörens und Schreibens im Französischunterricht –

118 Seiten, kart. **Bestell-Nr. 0534–7**

Der erste Teil des Buches will auf die Bedingungen richtigen Hörens aufmerksam machen und Wege zum besseren Hören skizzieren. Der zweite Teil gibt Anregungen, die Grundrisse des Textes, der Gelenkstellen, Höhepunkte, Pointen nochmals zu vergegenwärtigen.

Spezifische Formulierungsprobleme der Nacherzählung entfaltet der dritte Teil.

Gemeinschaftskunde

Peter Beyersdorf

Die Bundesrepublik Deutschland

Arbeitshefte zur Sozial- und Gesellschaftskunde

Band 1:

Strukturen und Institutionen

mit Text des Grundgesetzes

124 Seiten **Bestell-Nr. 0507–X**

Band 2:

Parteien und Verbände

84 Seiten **Bestell-Nr. 0508–8**

Band 3:

Außenpolitische Entwicklung

72 Seiten **Bestell-Nr. 0509–6**

Diese Reihe wurde vor allem für den Bereich der politischen Pädagogik geplant: für Lehrer und Schüler also in erster Linie. Das gilt für Gymnasien und höhere Schulen insgesamt, für Berufsschulen und nicht zuletzt für den großen Bereich der Erwachsenenbildung in den Volkshochschulen.

Jedes Heft enthält neben dem Textteil einen Dokumentenanhang und ein Literaturverzeichnis; darin wird auf spezielle, einzelne Themen vertiefende Bücher hingewiesen.

Mit Hilfe dieser „Arbeitshefte" wird es dem Benutzer möglich, die grundsätzlichen politischen Zusammenhänge unseres Gemeinwesens und die Struktur der internationalen Politik zu erkennen. Dazu werden nicht nur Daten und Fakten angeboten, sondern zugleich auch deren Erklärung und Interpretation. Stand 1970!

Geschichte

Peter Beyersdorf

Geschichts-Gerüst

von den Anfängen bis zur Gegenwart

4 Teile in einem Band

228 Seiten **Bestell-Nr. 0551–7**

Der Primaner, der das „Skelett" dieses „Gerüstes" beherrscht, sollte allen Prüfungsanforderungen gewachsen sein!

Das vorliegende Werk will kein Ersatz für bereits bewährte Bücher ähnlicher Art sein, sondern einem **Auswahlprinzip** huldigen, das **speziell auf Gymnasien,** kurz **alle weiterführenden Schulen zugeschnitten** ist. Daher erklärt sich die drucktechnische Hervorhebung des besonders Wesentlichen (Fettdruck).

Teil I: Von der Antike bis zum Beginn der Völkerwanderung (ca. 3000 v. Chr. bis 375 n. Chr.)

Teil 2: Von der Völkerwanderung bis zum Ende des Mittelalters (375 –1268)

Teil 3: Vom Übergang zur Neuzeit bis zum Ende des 1. Weltkrieges (1268–1918)

Teil 4: Vom Beginn der Weimarer Republik bis zur Gegenwart (1918–1953)

Latein

Reinhold Anton

Die Stammformen und Bedeutungen der lateinischen unregelmäßigen Verben

Anleitung zur Konjugation von etwa 1600 einfachen und zusammengesetzten unregelmäßigen Verben.

5. verbesserte Auflage

40 Seiten, kart. **Bestell-Nr. 0500–2**

Johannes Lorenz

Mathematik-Gerüst–Unterbau

6. Auflage
84 Seiten, kart. **Bestell-Nr. 0558–4**

Sammlung von Formeln und Sätzen mit zahlreichen Musteraufgaben und vielen Figuren.

Inhalt: Zahlenrechnen – Algebra – Gleichungen – Logarithmen – Geometrie – Stereometrie – Trigonometrie.

Dieser Band richtet sich an den Lernenden, der in kurzer Form seine Kenntnisse wieder auffrischen möchte und anhand von Musteraufgaben Lösungswege rekonstruieren will.

Bis Sekundarstufe I.

Georg Ulrich/Paul Hofmann

Geometrie zum Selbstunterricht

Ein vollständiger Lehrgang der Geometrie zum Selbstunterricht und zur Wiederholung und Nachhilfe. Von der elementaren Geometrie über die Differential- und Integralrechnung bis zur Integralgleichung bieten die Bände den gesamten Stoff der Oberschulen bis zur Sekundarstufe II.
Übungsaufgaben mit Lösungen erleichtern die Verfolgung des Rechenweges und deren Einprägung und Verstehen.

1. Teil:

Planimetrie

172 Seiten, kart. **Bestell-Nr. 0576–2**

2. Teil:

Trigonometrie

136 Seiten, kart. **Bestell-Nr. 0540–1**

3. Teil:

Stereometrie

148 Seiten, kart. **Bestell-Nr. 0577–0**

4. Teil:

Analytische Geometrie

232 Seiten, kart. **Bestell-Nr. 0536-3**

Robert Hippe

Philosophie-Gerüst

Teil 1
96 Seiten **Bestell-Nr. 560–6**

Der erste Band des „Philosophie-Gerüsts" will an die Geschichte der abendländischen Philosophie heranführen, dem Leser einen Überblick über die Jahrhunderte philosophischen Denkens geben.

Aus dem Inhalt: Was ist Philosophie? Die griechische Philosophie – Die hellenistisch-römische Philosophie – Die Philosophie des Christentums – Die Philosophie des Mittelalters, im Zeitalter der Renaissance und des Barocks – Die Philosophie von der Aufklärung bis zu Hegel – Die Philosophie der Gegenwart. Anhang – Bibliographie u. a.

Teil 2
80 Seiten **Bestell-Nr. 561–4**

Im zweiten Band werden die Disziplinen der reinen und angewandten Philosophie behandelt, und dem Benutzer ein Überblick über den gewaltigen Umfang des Bereichs der Philosophie gegeben.

Aus dem Inhalt: **Die Disziplin der reinen Philosophie:** Logik und Dialektik – Psychologie – Erkenntnistheorie – Ontologie und Metaphysik – Ethik – Ästhetik.

Die Disziplinen der angewandten Philosophie: Naturphilosophie und Philosophie der Mathematik – Geschichtsphilosophie – Rechts- und Religionsphilosophie – Philosophische Anthropologie und Existenzphilosophie – Sprachphilosophie.

Philosophie und Weltanschauung
Bibliographischer Anhang u. a.

Physik

Robert Gehr

Einführung in die Atomphysik

Vorbereitungshilfen für das Physik-Abitur an mathematisch-naturwissenschaftlichen Gymnasien.

152 Seiten, kart. **Bestell-Nr. 0511–8**

Inhalt: Das Atommodell der kinetischen Gastheorie – Die atomistische Struktur der Elektrizität – Energiequanten und Korpuskeln – Atommodelle – Kernphysik – Nachweismethoden für Strahlungen.

Das Ziel des Buches ist, den Physikstoff der Abschlußklassen im Hinblick auf die Reifeprüfung umfassend und gründlich darzustellen, andererseits aber auch – gemäß dem Bildungsauftrag einer höheren Schule – in das (physikalische) Weltbild der Gegenwart einzuführen.

Thomas Neubert

Physik 11. KLasse

Nachhilfebuch mit Lösungen
ca. 128 Seiten, kart. **Bestell-Nr. 0683–1**

Dieses Buch basiert auf den neuesten Lehrplänen **Physik 11. Klasse** der Bundesländer.
Jeder behandelte Abschnitt ist in einen Grundlagenteil und einen Aufgabenteil mit vollständigen Lösungen aufgeteilt.
Dieser Band knüpft lückenlos an den im **Physik–Gerüst Sekundarstufe I** behandelten Stoff an.

Thomas Neubert

Physikalische Formelsammlung

64 Seiten, 2-farbig, kart. **Bestell-Nr. 0685-8**

Für den Schulunterricht und für häusliches Arbeiten ein wichtiges Hilfsmittel – echte Lernhilfe!